AF151223

Lóng Aussprachetraining

Chinesisch A1–A2

Übungen mit Audios

von
Heinrich P. Kelz
Jin Ye-Gerke

Ernst Klett Sprachen
Stuttgart

Autoren Heinrich P. Kelz, Jin Ye-Gerke
Beratung Stephanie Kirschnick, Xiao Yang-Jacobi

Redaktion Michael Krumm, Lüneburg
Layoutkonzeption Marion Köster, Stuttgart
Illustrationen Gregor Schöner, Bremen
Gestaltung und Satz grundmanngestaltung, Karlsruhe
Umschlaggestaltung grundmanngestaltung, Karlsruhe
Titelbild Getty Images (andresr), München

Lóng neu A1-A2	
Kursbuch	978-3-12-528960-4
Übungsbuch	978-3-12-528961-1
Lösungsheft	978-3-12-528962-8
Lehrerhandbuch	978-3-12-528963-5
Übungen zur chinesischen Schrift	978-3-12-528854-6

Audio-Dateien, zum Download unter **www.klett-sprachen.de/long**

Zu diesem Buch gibt es Audios, die mit der Klett-Augmented-App geladen und abgespielt werden können.

Klett-Augmented-App kostenlos downloaden und öffnen

Bilderkennung starten und **Seiten mit Audios** scannen

Audios laden, direkt nutzen oder speichern

Apple und das Apple-Logo sind Marken der Apple Inc., die in den USA und weiteren Ländern eingetragen sind. App Store ist eine Dienstleistungsmarke der Apple Inc. | Google Play und das Google Play-Logo sind Marken der Google Inc.

1. Auflage   1 $^{5\ 4\ 3}$ | 2024 23 22

© Ernst Klett Sprachen GmbH, Rotebühlstraße 77, 70178 Stuttgart, 2019
Alle Rechte vorbehalten.
www.klett-sprachen.de

Nachfolger von 978-3-12-528853-9
Das Werk und seine Teile sind urheberrechtlich geschützt. Jede Nutzung in anderen als den gesetzlich zugelassenen Fällen bedarf der vorherigen schriftlichen Einwilligung des Verlags.

Druck und Bindung: Elanders GmbH, Waiblingen

ISBN 978-3-12-528855-3

Vorwort

Nín hǎo! Und willkommen bei Lóng Aussprachetraining. Die Aussprache ist das Gewand, in dem uns die Sprache entgegentritt. Eine gute Aussprache erleichtert die Verständigung bei der mündlichen Kommunikation. Daher ist es sinnvoll und nützlich, sich mit Hilfe eines eigens dafür geschaffenen Lehrmittels intensiv der Aussprache zu widmen. Dies gilt in besonderem Maße für das Erlernen des Chinesischen, dessen Phonetik zahlreiche Merkmale aufweist, die sich von denen des Deutschen unterscheiden und daher für Muttersprachler des Deutschen zunächst eine Hürde zum Gebrauch der Sprache darstellen.

Dem Lehrwerk liegt die heute gültige Standardaussprache des *Putonghua* zu Grunde. Es wird durchgehend mit *Pinyin* gearbeitet, der lateinischen Schreibweise des Chinesischen, unterstützt durch eine begrenzte Anzahl von Schriftzeichen. Das Lehrwerk ist unabhängig von einem bestimmten Sprachlehrbuch einsetzbar und richtet sich an Lernende mit deutscher Muttersprache, an Anfänger, die durch intensive Übung eine sichere Grundlage in der Aussprache erwerben wollen, ebenso an fortgeschrittene Lernende, die ihre Aussprache verbessern möchten. Auch Unterrichtenden kann dieses Lehrwerk behilflich sein.

Der Erwerb von Fertigkeiten des Sprechens und des Hörens des modernen Standardchinesisch, steht im Mittelpunkt der Übungen und der Erklärungen. Richtiges Hören ist die Grundvoraussetzung für richtiges Sprechen. Im Unterschied zu Kindern können Erwachsene meist nicht durch Imitation allein neue Laute lernen. So werden gleichzeitig mit der Übung auch Kenntnisse über das Lautsystem des Chinesischen vermittelt, der physiologische Hintergrund der in der lautsprachlichen Kommunikation auftretenden Erscheinungen dargestellt und auf dieser Grundlage Hilfen für die Phonation und Artikulation gegeben.

Bei der Gestaltung der phonetischen Übungen wurde nicht nur Wert auf die segmentellen phonetischen Elemente gelegt, sondern auch auf die suprasegmentellen wie Satzmelodie, Akzentuierung und Rhythmik. Die eher traditionellen phonetischen Übungstypen wie Hör- und Nachsprechübung sowie Lautdiskriminationsübung werden in diesem Lehrwerk durch intersprachliche kontrastive Übungen ergänzt, in denen der Unterschied zwischen dem chinesischen und deutschen Lautsystem bewusst gemacht und auditiv verdeutlicht wird.

Die Progression der 12 Lerneinheiten folgt nicht einer phonetischen Systematik, sondern ist vielmehr lernerzentriert, d. h., sie richtet sich unter Berücksichtigung der Ausgangssprache Deutsch nach den Merkmalen der Lernschwierigkeit: vom Leichten zum Schwierigen, vom Einfachen zum Komplexen, vom Nahe- zum Fernerliegenden.

Durch das Gesamtprogramm führt ein ‚Begleittext', der die Lernenden in neue Lerneinheiten und die zugehörigen phonetischen Phänomene einführt, aber auch auf besondere Probleme der Audition und der Artikulation aufmerksam macht und Vergleiche mit dem Deutschen (gelegentlich auch mit bekannteren europäischen Fremdsprachen) heranzieht. Außerdem sind zwei weitere (farbig unterlegte) Texte zu finden: ein Text, der den phonetischen Hintergrund der Artikulations- und Phonationsvorgänge näher erläutert und Hinweise auf die bei der Audition wichtigen lautlichen Erscheinungen gibt, sowie ein Text, der die Probleme der Schriftproduktion (Schreiben) und die der Schriftrezeption (Lesen) behandelt und damit in die Laut-Schrift-Beziehungen einführt. Unter ‚Schrift' ist die Pinyin-Orthographie zu verstehen. Zum Lehrwerk gehört umfangreiches Audiomaterial, das die anschaulichen Beispiele zum Begleittext sowie alle Hör- und Sprechübungen beinhaltet.

Qiān lǐ zhī xíng, shǐ yú zú xià 千里之行, 始于足下, wie das Auftaktsprichwort in der ersten Lektion sagt, so wünschen wir Ihnen einen guten Start und gutes Gelingen beim Erlernen der chinesischen Aussprache!

Ihre Autoren
Ihre Redaktion

Inhalt

Anhang

die Konsonanten *p, t, k, f, l, m* und *n* | die Vokale *a, u* und *i* | die Silbenstruktur | der 1. Ton und der 4. Ton

1 千里之行，始于足下。 Qiān lǐ zhī xíng, shǐ yú zú xià.

Auch die längste Reise beginnt mit dem ersten Schritt.

A. Einstieg mit bekannten Konsonanten und Vokalen

Um den Einstieg in die chinesische Aussprache möglichst problemfrei zu gestalten, beginnen wir mit solchen Lauten, für die es im Deutschen lautliche Entsprechungen gibt, nämlich mit den sieben Konsonanten *l, m, n, f, p, t* und *k*, wie sie als Anfangslaute in den Wörtern *Lamm, Mann, Name, Fahne, Panne, Tanne* und *Kanne* vorkommen. Die beiden Nasale *m* und *n* kommen sowohl im Deutschen als auch im Chinesischen vor. Hier verwenden wir diese Nasale zunächst nur am Silbenanfang, also in initialer Stellung, z. B. *ma* und *nu*.

Von den Vokalen betrachten wir zunächst die drei Vokale *a, i* und *u*, die auch in deutschen Wörtern wie *da, die* und *du* vorkommen. Beim Vokal *i* ist darauf zu achten, dass er wie in *bieten* (und nicht wie in *bitten*) ausgesprochen wird, und bei *u* ist darauf zu achten, dass es wie in *Fuß* (und nicht wie in *Fluss*) ausgesprochen wird. Die beiden Vokale haben also im Chinesischen die Lautqualität der deutschen Langvokale. Dies bedeutet aber nicht, dass die chinesischen Vokale grundsätzlich lang sind. Im Chinesischen gibt es – anders als im Deutschen – nicht die bedeutungsunterscheidende Funktion der Vokaldauer.

→ Pinyin

Die standardisierte Schreibung der chinesischen Laute mit Hilfe lateinischer Buchstaben, **Pinyin** genannt, sieht für die zehn Laute dieselben Zeichen vor wie im Deutschen: *a, f, i, k, l, m, n, p, t* und *u*. Silben mit diesen drei Vokalen können auch ohne konsonantischen Anlaut vorkommen. In diesem Fall werden *u* und *i* mit einem vorangesetzten Buchstaben, nämlich *w* (vor *u*) und *y* (vor *i*) geschrieben, also *wu* und *yi*. Diese Schreibung ist lediglich eine orthographische Konvention und hat keinen Einfluss auf die lautliche Gestalt der Silbe.

Mit diesen zehn Lauten lassen sich schon eine Anzahl von chinesischen Silben bilden: ◉ 1; 1

pa, pu, pi | ta, tu, ti | la, lu, li | ma, mu, mi | na, nu, ni | ka, ku | fa, fu

B. Die Silbenstruktur

→ Hintergrund

Bevor wir das vollständige Lautsystem des Chinesischen kennen lernen, werfen wir zunächst einen Blick auf die chinesische Silbenstruktur. Sie ist recht einfach und gut überschaubar. Die Silbe ist im Chinesischen auch die kleinste bedeutungtragende Einheit; ein chinesisches Schriftzeichen entspricht immer einer Silbe. So ist beispielsweise das Wort für ‚China' 中国 (*Zhōngguó*) zusammengesetzt aus den Silben bzw. Schriftzeichen *zhōng* 中 für ‚Mitte' und *guó* 国 für ‚Land' (was sich in Anlehnung an das chinesische Vorbild mit ‚Reich der Mitte' übersetzen lässt).

Die einzelne Silbe besteht aus zwei Teilen, die im Chinesischen traditionell als 声母 *shēngmǔ* und 韵母 *yùnmǔ* bezeichnet werden. Gemäß ihrer Stellung am Anfang bzw. am Ende einer Silbe werden sie in der deutschen Fachliteratur ‚Anlaut' (für *shēngmǔ*) und ‚Auslaut' (für *yùnmǔ*) genannt. Der Anlaut besteht immer aus einem konsonantischen Element. Hingegen besteht der Auslaut immer aus einem vokalischen Element (Einzelvokal oder Vokalkombination), auf das ein finaler Nasal (nur *n* oder *ng* sind möglich) folgen kann, aber nicht muss. Beispiel: In den Silben *zhōng* und *guó* sind *zh* bzw. *g* die Anlaute; die Auslaute sind *ong* (mit finalem Nasal) bzw. *uo* (ohne finalen Nasal). Während der Auslaut ein obligatorischer Bestandteil der Silbe ist, ist der Anlaut fakultativ. So fehlt beispielsweise der Anlaut in der ersten Silbe *ōu* in *Ōuzhōu* 欧洲 ‚Europa'.

Die Bildungsmöglichkeiten für chinesische Silben sind begrenzt: Es gibt im Chinesischen insgesamt 21 Anlaute und 39 Auslaute. Um die Möglichkeiten der Bedeutungsunterscheidung zu erweitern, nutzt das Chinesische unterschiedliche Tonhöhen für jede Silbe. Wir sprechen daher von einer Tonsprache. Der Ton ist neben dem fakultativen Anlaut und dem obligatorischen Auslaut ein unentbehrlicher Bestandteil der chinesischen Silbe.

Ohne Berücksichtigung der Töne gibt es gemäß dem Standardwerk *Wörterbuch der modernen chinesischen Sprache* (现代汉语词典, *Xiàndài Hànyǔ Cídiǎn*, Beijing, 2005) nur 418 Silbenbildungsmöglichkeiten. Mit den 4 Tönen (d. h. ohne den Neutralton) erhöht sich die Gesamtanzahl der chinesischen Silben auf 1298.

C. Die Töne

Im Chinesischen als einer Tonsprache hat jede Silbe einen bestimmten Ton. Mit Hilfe der Töne werden Bedeutungen unterschieden. Auch wenn die Laute einer Silbe absolut gleich sind, haben Silben verschiedene Bedeutungen, wenn sie mit verschiedenen Tönen gesprochen werden. In der chinesischen Standardsprache gibt es insgesamt vier Töne und einen Neutralton.

In einem ersten Schritt lernen wir zunächst nur zwei Töne kennen. Diese beiden Töne sind auditiv gut wahrzunehmen und lassen sich daher leicht voneinander unterscheiden.

Hören Sie zunächst einige Beispiele im Kontrast der beiden Töne: ⊙ 1; 2

pā – pà | tā – tà | lā – là | fā – fà | mā – mà

Wie die Hörbeispiele illustrieren, wird einer der beiden Töne mit relativ hoher Tonlage gesprochen und weist keine Tonhöhenbewegung auf. Bei dem anderen Ton ist ein deutlicher Abfall der Tonhöhe zu hören. Wir sprechen deshalb im ersten Fall von einem (ebenen) **hohen Ton** und im zweiten Fall von einem **fallenden Ton**.

→ **Hintergrund**

- Die Töne 声调 (*shēngdiào*):
  der 1. Ton: 一声 (*yīshēng*)
      auch: 阴平 (*yīnpíng*)
  der 2. Ton: 二声 (*èrshēng*)
      auch: 阳平 (*yángpíng*)
  der 3. Ton: 三声 (*sānshēng*)
      auch: 上声 (*shǎngshēng*)
  der 4. Ton: 四声 (*sìshēng*)
      auch: 去声 (*qùshēng*)
  der Neutralton: 轻声 (*qīngshēng*)

- Ein Beispiel für die bedeutungsunterscheidende Funktion der Töne bei gleicher Lautfolge:
  妈 *mā* (1. Ton) ‚Mutter'
  麻 *má* (2. Ton) ‚Hanf'
  马 *mǎ* (3. Ton) ‚Pferd'
  骂 *mà* (4. Ton) ‚schimpfen'
  吗 *ma* (Neutralton) Fragepartikel

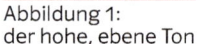

Abbildung 1:
der hohe, ebene Ton

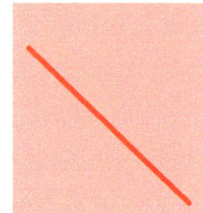

Abbildung 2:
der fallende Ton

→ **Pinyin**

Für die Bezeichnung der Töne werden im **Pinyin** Zusatzzeichen verwendet, die über den jeweiligen Vokal gesetzt werden: ein ‚Balken' (ā, ī, ū) für den hohen Ton und ein ‚Gravis' (à, ì, ù) für den fallenden Ton.

Dieser Lautschrift liegt „Die Rechtschreibung der chinesischen Lautschrift" (汉语拼音方案 *Hànyǔ Pīnyīn Fāng'àn*) zu Grunde, die im Rahmen der Standardisierung der Sprache und der Schriftreform von dem von der Zentralregierung beauftragten Gremium der Sprache- und Schriftreform (中国文字改革委员会 *Zhōngguó Wénzì Gǎigé Wěiyuánhuì*) erarbeitet und am 11.2.1958 erstmals vom Volkskomitee der Volksrepublik China verabschiedet wurde.
Die Reform soll in erster Linie der Vereinfachung des Schriftzeichenerlernens und ferner der Verbreitung des Standardchinesischen (普通话 *pǔtōnghuà*) und der Beseitigung des Analphabetentums im Volk dienen. Seitdem wird **Pinyin** allmählich an allen chinesischen Schulen gelehrt.
Da chinesische Schriftzeichen die Aussprache des jeweiligen Schriftzeichens nicht oder nicht genau angeben, stellt die **Pinyin**-Umschrift eine praktische Hilfe dar. Heute im Zeitalter der Digitalisierung ist **Pinyin** nunmehr als eine praktische Methode der Texteingabe etabliert.

Alle im Chinesischen vorkommenden Lautkombinationen mit den bisher geübten Konsonanten, Vokalen und Tönen sind in der folgenden Tabelle übersichtlich zusammengestellt.

Anlaut / Auslaut	–	p	t	k	f	l	m	n
a	ā à	pā pà	tā tà	kā –	fā fà	lā là	mā mà	nā nà
u	wū wù	pū pù	tū tù	kū kù	fū fù	lū lù	– mù	– nù
i	yī yì	pī pì	tī tì	–	–	lī lì	mī mì	nī nì

Tabelle 1

1 **Intersprachliche Kontrastübung** Hören Sie zu und vergleichen Sie die Laute im Chinesischen und im Deutschen. ◉ 1; 3

pā – Pate
fā – Fahne
tā – Tage
lā – Laden
mā – Magen
pū – Pudel
tū – Tube

pà – Page
fà – Fahrt
tà – Tag
là – lahm
mà – Mahl
pù – Puls
tù – Tuch

kū – Kuchen
fū – Fusel
lū – Lupe
pī – Pinie
tī – Tibet
lī – Liebe
nī – nieder

kù – Kuh
fù – Fuß
lù – Lug
pì – piep
tì – tief
lì – Lied
nì – nie

2 **Tonübung** Lesen Sie die folgenden Silben laut und vergleichen Sie Ihre Aussprache mit dem Audio-Track. ◉ 1; 4

pā – pā – pā | pà – pà – pà | tā – tā – tā | tà – tà – tà

lā – lī – lū | lā – lī – lù | lā – lì – lù | là – lì – lù

mā – mī – mū | mā – mī – mù | mā – mì – mù | mà – mì – mù

3 **Hören Sie nun einige einsilbige Wörter und sprechen Sie sie nach!** ◉ 1; 5

ā	à	wū	wù	yī	yì
阿	啊	屋	物	一	亿
(Suffix)	(Interjektion)	Hütte	Gegenstand	eins	100 Millionen

pā	tā	fā	lā	mā
趴	他	发	拉	妈
auf dem Bauch liegen	er	senden	ziehen	Mutter

pà	tà	fà	là	mà	nà
怕	踏	发	辣	骂	那
sich fürchten	auftreten	Haar	scharf	schimpfen	(Pronomen)

pū	tū	kū	fū	lū
铺	突	哭	夫	撸
ausbreiten	herausragen	weinen	Mann	krempeln

pù	tù	kù	fù	lù	mù	nù
铺	兔	裤	富	路	木	怒
Bett	Hase	Hose	reich	Weg	Holz	wütend

pī	tī	lī	mī	nī
披	踢	哩	眯	妮
umhängen	treten	(Interjektion)	blinzeln	Mädchen

pì	tì	lì	mì	nì
屁	剃	力	密	溺
Gesäß	rasieren	Kraft	dicht	versunken

4 Neben einsilbigen Wörtern gibt es aus zwei bzw. mehr Silben zusammengesetzte Wörter. Hören Sie nun einige zweisilbige Wörter und sprechen Sie sie nach! ◉ 1; 6

lālì	pīlì	fùlì	fūfù	yìwù
拉力	霹雳	富丽	夫妇	义务
Ziehkraft	Blitz und Donner	pompös	Ehepaar	Pflicht

mìmì	pīfā	tì fà	pī fà
秘密	批发	剃发	披发
Geheimnis	Großhandel	Haare rasieren	Haare offen lassen

5 Wie wir im Folgenden sehen, können mit wenigen Silben schon Sätze gebildet werden. Hören Sie die folgenden Sätze und achten Sie auf den Wechsel der Töne! Sprechen Sie dann nach! ◉ 1; 7

Tā pà.	Tā pà tā.	Tā pà là.	Tā pà tā kū.	Tā pū lù.
他怕。	他怕她。	他怕辣。	他怕她哭。	他铺路。
Er hat Angst.	Er hat Angst vor ihr.	Er verträgt keinen scharfen Geschmack.	Er fürchtet sich, wenn sie weint.	Er baut Straßen.

Zusammenfassende Übungen

1 Nun wollen wir testen, wie gut Sie das Gelernte schon beherrschen.
Hören Sie zunächst einige Wortpaare und kreuzen Sie jeweils das Wort an, das Sie gehört haben! ◉ 1; 8

☐ pà – ☐ pā | ☐ kū – ☐ kù | ☐ mù – ☐ nù | ☐ lì – ☐ nì |

☐ mā – ☐ lā | ☐ yī – ☐ yì

2 Hören Sie nun neun Wörter und entscheiden Sie, ob sie mit hohem oder fallendem Ton gesprochen wurden. Kreuzen Sie entsprechend an! ◉ 1; 9

hoch	☐	☐	☐	☐	☐	☐	☐	☐	☐
fallend	☐	☐	☐	☐	☐	☐	☐	☐	☐

3 Hören Sie genau hin und setzen Sie die Tonzeichen auf die Vokale! ◉ 1; 10

ta | fa | pi | ti | pu | fu | la | ta | li | tu | pa | yi

4 Diktat Schreiben Sie die zweisilbigen Wörter und die Sätze in Pinyin auf die Linien! ◉ 1; 11

_____ | _____ | _____ | _____ |
_____ | _____

_____ _____ _____ .
_____ _____ _____ .
_____ _____ _____ .

die Verschlusslaute *b*, *d* und *g* | das entrundete O
(geschrieben: *e*) | die Diphthonge *ai* und *ao*

2 万丈高楼平地起。 Wàn zhàng gāolóu píngdì qǐ.
Hochhäuser entstehen auf dem stabilen Fundament.

A. Die Verschlusslaute *b*, *d* und *g*

Die Verschlusslaute p [pʰ], t [tʰ] und k [kʰ] kennen wir bereits; sie werden im Chinesischen genauso wie im Deutschen artikuliert. In beiden Sprachen sind diese Verschlusslaute stimmlos und aspiriert. Daneben gibt es in beiden Sprachen nicht aspirierte Verschlusslaute b, d und g; allerdings sind diese im Deutschen stimmhaft (außer im Auslaut und vor stimmlosen Konsonanten), im Chinesischen dagegen generell stimmlos.

→ Hintergrund

- Die Unterscheidung zwischen stimmlosen und stimmhaften Konsonanten ist sowohl für das Deutsche als auch für das Chinesische bedeutsam.
- Der Unterschied liegt darin, dass bei den **stimmlosen** Konsonanten der Luftstrom ungehindert von der Lunge durch die Kehlkopfspalte in den Artikulationsapparat gelangen kann. Bei **stimmhaften** Lauten sind jedoch die Stimmlippen (auch 'Stimmbänder' genannt) am Kehlkopf gespannt, so dass der Luftstrom sie in Schwingung versetzt. Je nach Grad der Anspannung der Stimmlippen wird ein tieferer oder höherer Ton erzeugt.
- Die Erzeugung und die Veränderung dieses Stimmtons sind für die chinesische Aussprache besonders charakteristisch und wichtig, da mit Hilfe der Veränderung der Tonhöhe Bedeutungen unterschieden werden.

- Aber auch für die Artikulation der Konsonanten ist diese Unterscheidung wichtig. So sind die drei Nasale [m], [n] und [ŋ] sowie das [l] und alle Vokale stimmhaft. [f], [pʰ], [tʰ] und [kʰ] sind dagegen stimmlos.
- Aus dem Deutschen wissen wir, dass [pʰ], [tʰ] und [kʰ] stimmhafte Korrelate haben, nämlich [b], [d] und [g]: Die Paare [pʰ] und [b], [tʰ] und [d], [kʰ] und [g] werden jeweils an derselben Artikulationsstelle gebildet und unterscheiden sich hauptsächlich durch die Stimmbeteiligung. Daneben gibt es aber noch weitere Merkmale, durch die sich die beiden Konsonantengruppen unterscheiden:
- Bei [pʰ], [tʰ] und [kʰ] ist die Artikulationsmuskulatur stärker gespannt als bei [b], [d] und [g]. Wir sprechen daher von **gespannten** Plosiven (oder **Fortisplosiven**) und von **ungespannten** Plosiven (oder **Lenisplosiven**). Bedingt durch die stärkere Spannung ist der Luftdruck bei den Fortisplosiven größer als bei den Lenisplosiven. Der stärkere Luftdruck führt schließlich in der Phase der Verschlusslösung bei den Fortisplosiven zu einem stärkeren, hörbaren Luftstrom als bei den Lenisplosiven. Dieses Merkmal der Fortisplosive nennen wir die **Aspiration**.
- Für die deutschen Verschlusslaute gilt: Die Fortisplosive [pʰ], [tʰ] und [kʰ] wie in *Panne, Tanne* und *Kanne* sind stimmlos, gespannt und aspiriert, die Lenisplosive [b], [d] und [g] wie in *Bann, Dach* und *Gang* sind stimmhaft, ungespannt und nicht aspiriert.
- Im Chinesischen liegen die Verhältnisse etwas anders: Hier sind die ungespannten, nicht-aspirierten Lenisplosive [p], [t] und [k] ebenso **stimmlos** wie die aspirierten, gespannten Fortisplosive [pʰ], [tʰ] und [kʰ].

→ Pinyin

- Wie wir bereits gesehen haben, werden die aspirierten Plosive [pʰ], [tʰ] und [kʰ] im Pinyin mit *p*, *t* und *k* wiedergegeben; für die nicht aspirierten Plosive [p], [t] und [k] wählt man die Zeichen *b*, *d* und *g*.
- Sprecher des Deutschen sollten also besonders darauf achten, die Plosive *b*, *d* und *g* zwar ebenso ungespannt und nicht aspiriert auszusprechen wie im Deutschen, aber eben nicht stimmhaft.

1 **Intersprachliche Kontrastübung** **Die folgenden Beispielwörter verdeutlichen diesen Unterschied zwischen dem Deutschen und dem Chinesischen. Hören Sie zu und vergleichen Sie!** ◎ 1; 12

bā – baden	dà – da	tā – Tage	mā – malen
dù – du	tù – tut	gù – gut	mù – Mut
dì – die	tì – tief	bì – Biest	pī – piepen

Hier eine Zusammenfassung aller Silben mit den bisher bekannten Lauten.

Anlaut / Auslaut	b	p	d	t	g	k
a	bā bà	pā pà	dā dà	tā tà	gā gà	kā –
u	– bù	pū pù	dū dù	tū tù	gū gù	kū kù
i	bī bì	pī pì	dī dì	tī tì	– –	– –

Tabelle 2

→ **Hintergrund**

- Auch im Deutschen gibt es stimmlose, nicht aspirierte Verschlusslaute. Sie kommen jedoch immer nur nach Frikativen vor, wie z. B. in *Spiel*, *Stuhl* und *Skala*. Diese nicht aspirierten, stimmlosen Verschlusslaute stehen weder in Opposition zu nicht aspirierten stimmhaften noch zu aspirierten stimmlosen. Daher kann die Wahl des einen oder anderen im Deutschen keine Bedeutungen unterscheiden.
- Im Chinesischen dagegen sind Aspiration und Spannung allein bereits bedeutungsunterscheidend. Wird in einem Wort der Verschlusslaut mit Aspiration gesprochen, so bezeichnet dieses Wort etwas anderes als ein Wort, in dem der Verschlusslaut ohne Aspiration gesprochen wird. Weiter unten werden Sie viele Beispiele lesen und hören.

2 Unterscheiden Sie die Konsonantenpaare *b ~ p*, *d ~ t* und *g ~ k*! Sie hören dazu zehn Einzelsilben. Achten Sie darauf, ob Sie einen ‚Lenisplosiv‘ (ohne Aspiration) oder einen ‚Fortisplosiv‘ (mit Aspiration) hören, und kreuzen Sie entsprechend an! ◎ 1; 13

Lenisplosiv ☐ ☐ ☐ ☐ ☐ ☐ ☐ ☐ ☐ ☐

Fortisplosiv ☐ ☐ ☐ ☐ ☐ ☐ ☐ ☐ ☐ ☐

3 Hören Sie folgende Beispielwörter und sprechen Sie nach! ◎ 1; 14

bā – pā	bī – pī	bù – pù	dà – tà
八　趴	逼　劈	布　铺	大　踏
acht | auf dem Bauch liegen	zwingen | spalten	Stoff | Laden	groß | auftreten

dī – tī	dù – tù	gā – kā	gū – kū
低　梯	肚　兔	嘎　咖	姑　哭
niedrig | Leiter	Bauch | Hase	Lautmalerei | Vorsilbe von „Kaffee"	Tante | weinen

4 Hören Sie nun einige zweisilbige Wörter und sprechen Sie sie nach! ◉ 1; 15

dàbā	dàdì	dībà	bùpù	pùbù	lùdì
大巴	大地	堤坝	布铺	瀑布	陆地
Bus	Erde	Staudamm	Stoffladen	Wasserfall	Festland

dàlù	dā pù	gùdū	mùtī	dīdì	bàmā
大路	搭铺	故都	木梯	低地	爸妈
Allee	Bett richten	alte Hauptstadt	Holzleiter	tiefe Ebene	Vater und Mutter

B. Das entrundete O

Wir lernen nun einen neuen Vokal kennen. Hören Sie dazu einige Silben, in denen dieser neu zu lernende Vokal vorkommt. ◉ 1; 16

Anders als die Vokale *a*, *u* und *i*, die wir aus dem Deutschen kennen und bereits in chinesischen Wörtern geübt haben, bereitet der hier vorgekommene Vokal den Deutsch sprechenden Lernenden einige Schwierigkeiten.

→ Hintergrund

Dieser Vokal wird mit derselben Zungenstellung wie bei der des O gesprochen (also mit zurückgezogenem Zungenrücken). Im Gegensatz zum O sind die Lippen jedoch nicht gerundet, sondern wie bei E gespreizt. Wir sprechen daher auch von einem ,entrundeten O'. – Im Deutschen ist dieser Laut nicht bekannt. Er ist aber dem Vokal in der Endsilbe in *Tage*, *bitte*, *Hände* oder *Mähne* ähnlich.

→ Pinyin

- Das ,entrundete O' wird *e* geschrieben. – Beim Lesen ist unbedingt darauf zu achten, dass *e* nicht mit dem Lautwert [e] oder [ɛ] (wie in betonten Silben im Deutschen) ausgesprochen wird. Eine Besonderheit ist zu beachten, wenn *e* in einer Silbe ohne konsonantischen Anlaut vorkommt. In diesem Fall wird es durch einen Apostroph von der vorherigen Silbe getrennt. Beispiel: *zuì* + *è* ➔ *zuì'è* 罪恶 ,Sünde'.
- Diese Schreibregel gilt für alle Silben ohne Anlaut, die als zweite oder weitere Silbe innerhalb eines Wortes vorkommen.

Hier eine Zusammenfassung aller Silben mit *e* und den bekannten Anlauten.

Anlaut / Auslaut	–	b	p	d	t	g	k	m	n	l	f
e	ē	–	–	–	–	gē	kē	–	–	lē	–
	è	–	–	dè	tè	gè	kè	–	nè	lè	–

Tabelle 3

1 Hören Sie nun einige Wörter und kurze Sätze mit dem Vokal *e* und sprechen Sie sie nach!  1; 17

è	tèdì	tè là	gùkè	kēkè	mùkè	bà kè
饿	特地	特辣	顾客	苛刻	木刻	罢课
hungrig sein	extra	besonders scharf	Kunde	zu streng	Holzschnitt	Unterricht boykottieren

2 Lesen Sie folgende kurze Sätze laut und vergleichen Sie Ihre Aussprache mit dem Audio-Track. ⊙ 1; 18

Dàgē bà kè.

大哥罢课。

Der älteste Bruder boykottiert den Unterricht.

Gùkè tài kēkè.

顾客太苛刻。

Die Kunden sind zu wählerisch.

Dàdì tèdì dā pù.

大弟特地搭铺。

Der jüngste Bruder richtet extra das Bett.

C. Die Diphthonge *ai* und *ao*

Bisher haben wir vier Vokale des Chinesischen kennen gelernt, nämlich *a*, *u*, *i* und *e*. Ebenso wie im Deutschen gibt es im Chinesischen neben den einfachen Vokalen (Monophthongen) auch Vokalverbindungen (Polyphthongen). Die Vokalverbindungen sind in ihrer Dauer ungefähr genauso lang wie einfache Vokale (also nicht doppelt so lang). Zwei Vokalverbindungen des Deutschen, nämlich [aɪ] und [aʊ], wie in den Wörtern *Mais* und *Maus*, kommen auch im Chinesischen vor.

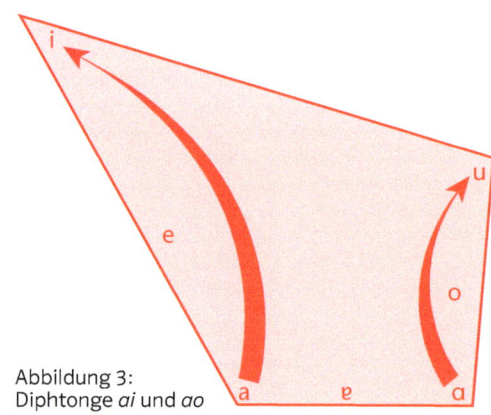

Abbildung 3: Diphtonge *ai* und *ao*

Hören Sie zunächst einige Beispiele: ⊙ 1; 19

Wie im Deutschen liegt der Schwerpunkt (d. h. die größere Intensität) auf dem ersten Vokal. Die Intensität fällt also während der Artikulation ab; wir sprechen daher von **fallenden Diphthongen**.

Hier eine Zusammenfassung aller bildbaren Silben mit bisher bekannten Konsonanten und den beiden Diphthongen *ao* und *ai*.

Anlaut / Auslaut	–	b	p	d	t	g	k	m	n	l	f
ao	āo / ào	bāo / bào	pāo / pào	dāo / dào	tāo / tào	gāo / gào	kāo / kào	māo / mào	nāo / nào	lāo / lào	– / –
ai	āi / ài	bāi / bài	pāi / pài	dāi / dài	tāi / tài	gāi / gài	kāi / kài	– / mài	– / nài	– / lài	– / –

Tabelle 4

---

1 Hören Sie nun einige einsilbige Wörter und sprechen Sie sie nach! ◉ 1; 20

āo – ào	āi – ài	bāo – pāo	bào – pào
凹　傲	挨　爱	包　抛	报　炮
konkav | hochmütig	neben | lieben	Tasche | werfen	Zeitung | Kanone

bāi – pāi	bài – pài	dāo – tāo	dào – tào
掰　拍	败　派	刀　涛	到　套
mit Händen brechen | klopfen	verloren | hinschicken	Messer | große Welle	ankommen | umhüllen

dāi – tāi	dài – tài	gāo – kāo	gào – kào
呆　胎	带　太	高　尻	告　靠
starr | Embryo	mitbringen | zu sehr	hoch | Hintern	mitteilen | anlehnen

gāi – kāi	gài – kài	māo – mào	nāo – nào
该　开	盖　忾	猫　帽	孬　闹
sollen | öffnen	abdecken | wütend	Katze | Mütze	schlecht | lärmend

lāo – lào
捞　涝
herausfischen | Überschwemmung

2 Nun hören Sie einige zwei- und dreisilbige Wörter. Sprechen Sie sie nach! 🎯 1; 21

bāikāi	dàitì	dài kè	bāobì	dìdào
掰开	代替	待客	包庇	地道
mit Händen abbrechen	ersetzen	Gäste empfangen	abschirmen	unterirdischer Tunnel

bàogào	bàodào	dàolù	tài gāo	dàgài	Àodìlì
报告	报道	道路	太高	大概	奥地利
Vortrag	berichten	Weg	zu hoch	ungefähr	Österreich

3 Lesen Sie folgende kurze Sätze laut und vergleichen Sie dann Ihre Aussprache mit dem Audio-Track. 🎯 1; 22

Dàmā bāobì dàgē.
大妈包庇大哥。
Die Tante schirmt den ältesten Bruder ab.

Dàgū mài dà bùbāo.
大姑卖大布包。
Die älteste Tante verkauft große Stofftaschen.

Dàgū dàitì dàgē mài bào.
大姑代替大哥卖报。
Die älteste Tante verkauft für den ältesten Bruder Zeitungen.

Zusammenfassende Übungen

1 Kreuzen Sie die Laute an, die Sie gehört haben! 🎯 1; 23

☐ pā ☐ bā │ ☐ bī ☐ pī │ ☐ pào ☐ bào │ ☐ pù ☐ bù

☐ dà ☐ tà │ ☐ tù ☐ dù │ ☐ dài ☐ tài │ ☐ tào ☐ dào

☐ gē ☐ kē │ ☐ gū ☐ kū │ ☐ gāo ☐ kào │ ☐ gài ☐ kài

2 Hören Sie zu und füllen Sie die Lücken mit den Anlauten, die Sie gehört haben! 🎯 1; 24

___à – ___à │ ___è – ___è │ dà___āi – dà___ài │ ___ù___ù – ___ù___ù │ ___ài___ì – ___ài ___ī

3 Hören Sie zu und füllen Sie die Lücken mit den Auslauten, die Sie gehört haben! 🎯 1; 25

m___ b___ │ b___ k___ │ b___ d___ │ d___ t___ │ b___ k___ │ ___m___ │ k___l___ │ g___g___

4 **Tonkombinationsübung** Lesen Sie folgende Wortgruppen mit der Tonfolge, 1. + 1. Ton, 1. + 4. Ton, 4. + 1. Ton und 4. + 4. Ton laut. Anschließend vergleichen Sie Ihre Aussprache mit dem Audio-Track. ◉ 1; 26

1. + 1. Ton	1. + 4. Ton	4. + 1. Ton	4. + 4. Ton
gūmā	fāfù	dàbā	dàolù
māomī	mābù	bàmā	mìmì
tīkāi	fūfù	dàbāo	màomì
pūkāi	lālì	tìdāo	bàogào
gāo gē	gāodà	dàpī	dàgài
fādāi	kēkè	bùbāo	lùdì

5 **Diktat** Hören Sie zu und schreiben Sie die Wörter in Pinyin auf! ◉ 1; 27

_____ | _____ | _____ | _____

_____ | _____ | _____ | _____

6 Hören Sie nun einen Dialog und sprechen Sie ihn dann nach! Achten Sie darauf, dass Sie *bào* und *pào* nicht verwechseln! Der folgende Dialog zeigt Ihnen warum. ◉ 1; 28

Gùkè: Dàmā, nín mài bào ma?
顾客：大妈，您卖报吗？

Kunde: Gnädige Frau, verkaufen Sie Zeitungen?

Dàmā: Bào? Wǒ bú mài bào, wǒ mài pào!
大妈：报？我不卖报，我卖炮！

Tante: Zeitungen? Ich verkaufe keine Zeitungen, ich verkaufe Knaller!

Gùkè: Mài pào?
顾客：卖炮？

Kunde: Kanone?

Dàmā: Zhǐpào, huāpào hé biānpào!
大妈：纸炮，花炮和鞭炮！

Tante: Papierknaller, bunte Knaller und noch kleine Böller!

7 Zum Schluss eine kleine Herausforderung: Können Sie folgende Sätze aussprechen? Versuchen Sie, sie laut zu lesen und vergleichen Sie Ihre Aussprache mit dem Audio-Track. ◉ 1; 28

Dùzi bǎo le.
肚子饱了。
Mein Bauch ist voll.

Tùzi pǎo le.
兔子跑了。
Der Hase ist weggerannt.

die finalen Nasale -*n* und -*ng* | die Vokale *a*, *e* und *i* vor *n* und *ng* | der 3. Ton | tonale Veränderung bei zwei 3. Tönen hintereinander

3 不积跬步，无以至千里。 Bù jī kuǐbù, wú yǐ zhì qiān lǐ.
Ohne viele kleine Schritte ist keine Reise von tausend Meilen möglich.

A. Die finalen Nasale -*n* und -*ng*

Wir wenden uns jetzt den finalen Konsonanten zu, den Nasalen -*n* und -*ng*, die Sprechern des Deutschen vertraut sind. Diese finalen Nasale -*n* und -*ng* können jedoch den vorangehenden Vokal in seiner Lautqualität verändern. Sie werden also nicht alle gleich ausgesprochen: In den chinesischen Auslauten *an* und *ang*, *en* und *eng*, *in* und *ing* ist die Vokalqualität von *a*, *e* und *i* in dieser Position anders als die in anderen Positionen, wie zum Beispiel in den Silben *ma*, *te* oder *di*. Generell klingen die Vokale vor -*ng* dunkler, vor -*n* heller.

B. Die Vokale *a*, *e* und *i* vor *n* und *ng*

Zur Vokalqualität von *a*, *e* und *i* in den Auslauten *an* und *ang*, *en* und *eng*, *in* und *ing* ist zu sagen, dass die Vokale *a*, *e* und *i* generell vor -*ng* mit etwas zurückgezogener Zunge gesprochen werden und daher etwas dunkler klingen. Dies ist sehr deutlich bei *a*, auch noch recht deutlich bei *e*, aber weniger deutlich bei *i* zu hören.

→ Hintergrund

- *a* wird vor *-ng* [ŋ] als hinteres (dunkles) [ɑ] gesprochen, vor *-n* [n] und in offener Silbe als mittleres oder vorderes [a], also etwa wie im Deutschen.
- *e* wird vor *-ng* als [ə] ausgesprochen (wie etwa der Vokal in der Endsilbe von Bitte), vor *n* wird es weiter vorn ausgesprochen und ähnelt damit schon dem [ɛ] des Deutschen.
- *i* wird vor *-ng* als ein geschlossener (hoher) Vokal [i] ausgesprochen, doch ist auch hier (in *-ing*) die Zunge etwas zurückgezogen, was bei *-in* nicht der Fall ist.

→ Pinyin

- Die finalen Nasale [n] und [ŋ] werden wie im Deutschen *n* bzw. *ng* geschrieben. Die Auslaute *an*, *ang*, *en*, *eng*, *in*, *ing* können auch ohne konsonantischen Anlaut vorkommen. Bei *in* und *ing* wird auch hier ein *y* am Silbenanfang hinzugefügt, also *yin* und *ying* geschrieben.
- Beim Lesen ist darauf zu achten, dass *e* vor *-ng* nicht als [ɛ] wie in Menge oder Stengel ausgesprochen wird, sondern als [ə]. So wird der Familienname *Dèng* [dəŋ] und nicht [dɛŋ] ausgesprochen.

Die folgenden Tabellen fassen alle bildbaren Silben mit den uns bisher bekannten Auslauten zusammen, die einen Nasal enthalten.

Auslaut \ Anlaut	b	p	d	t	g	k
an	bān/bàn	pān/pàn	dān/dàn	tān/tàn	gān/gàn	kān/kàn
ang	bāng/bàng	pāng/pàng	dāng/dàng	tāng/tàng	gāng/gàng	kāng/kàng
in	bīn/bìn	pīn/pìn	–	–	–	–
ing	bīng/bìng	pīng/pìng	dīng/dìng	tīng/tìng	–	–
en	bēn/bèn	pēn/pèn	– /dèn	–	gēn/gèn	– /kèn
eng	bēng/bèng	pēng/pèng	dēng/dèng	tēng/ –	gēng/gèng	kēng/ –

Tabelle 5

Auslaut \ Anlaut	–	m	n	l	f
an	ān/àn	mān/màn	nān/nàn	lān/làn	fān/fàn
ang	āng/àng	māng/ –	nāng/nàng	lāng/làng	fāng/fàng
in	yīn/yìn	– / –	–	līn/lìn	–
ing	yīng/yìng	–/mìng	– /nìng	līng/lìng	–
en	ēn/èn	mēn/mèn	– /nèn	– / –	fēn/fèn
eng	ēng/ –	mēng/mèng	– /nèng	– /lèng	fēng/fèng

Tabelle 6

1 Hören Sie die folgenden Wörter und sprechen Sie sie nach! ◉ 1; 29

fān àn – fāng'àn
翻案 方案
ein Urteil revidieren | Konzept

kāi fàn – kāifàng
开饭 开放
mit dem Essen beginnen |
öffnen, offen

lànmàn – làngmàn
烂漫 浪漫
farbenprächtig | romantisch

dàng'àn – àndàn
档案 黯淡
Archiv | dunkel und trüb

dāndài – dāngdài
担待 当代
verantworten | Gegenwart

fēnmì – fēngmì
分泌 蜂蜜
absondern | Honig

bèndàn
笨蛋
Dummkopf

gēngdì
耕地
Ackerland

èmèng
噩梦
Albtraum

kāi dēng
开灯
Licht
anmachen

bēngtā
崩塌
zusammen-
stürzen

bīnfēn
缤纷
bunt

bīnkè
宾客
Gäste

pīngpāng
乒乓
Pingpong

kàn bìng
看病
Arzt
besuchen

tīnglì
听力
Hörvermögen

kètīng
客厅
Wohnzimmer

mìnglìng
命令
Befehl

pīnyīn
拼音
Umschrift

2 Entscheiden Sie, ob in den folgenden zehn Wörtern am Silbenende [n] oder [ŋ] gesprochen ist, und kreuzen Sie entsprechend an! ◉ 1; 30

[n] ☐ ☐ ☐ ☐ ☐ ☐ ☐ ☐ ☐ ☐
[ŋ] ☐ ☐ ☐ ☐ ☐ ☐ ☐ ☐ ☐ ☐

3 Hören Sie zu und füllen Sie die Lücken mit dem entsprechenden Auslaut (einschließlich der Tonzeichen)! ◉ 1; 31

b_____kè – kàn b_____ | f_____d_____ – f_____g_____ | kāif_____ – kāif_____ |

l_____m_____ – l_____m_____

C. Der 3. Ton

Wir lernen nun einen weiteren Ton kennen. Dieser neue Ton, der zunächst eine fallende, dann eine steigende Bewegung ausführt, wird daher auch häufig fallend-steigender Ton genannt; in der Fachliteratur spricht man jedoch wegen seiner generell tiefen Tonlage von einem tiefen Ton. Der Ton setzt im unteren Drittel der Tonlage ein, sinkt zunächst auf den tiefsten Punkt und steigt dann wieder auf.

Bei langsamem Sprechen steigt die Tonhöhenbewegung etwa bis zur Mitte der Tonlage auf, bei schnellerem Sprechen bleibt der Endpunkt deutlich darunter.

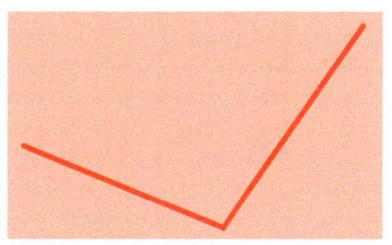

Abbildung 4: der tiefe Ton

Als Zeichen für den 3. Ton wird im **Pinyin** ein ‚Häkchen' (umgekehrter Zirkumflex, häufig auch mit dem tschechischen Wort **Háček** bezeichnet) verwendet, z. B. ǎ, ǔ, ě, ǐ.

Hier eine Übersicht von bisher bekannten Silben im 3. Ton.

Anlaut / Auslaut	b	p	d	t	g	k	m	n	l	f
ǎ	bǎ	–	dǎ	tǎ	gǎ	kǎ	mǎ	nǎ	lǎ	fǎ
ǔ/wǔ	bǔ	pǔ	dǔ	tǔ	gǔ	kǔ	mǔ	nǔ	lǔ	fǔ
ǐ/yǐ	bǐ	pǐ	dǐ	tǐ	–	–	mǐ	nǐ	lǐ	–
ě	–	–	–	–	gě	kě	–	–	lě	–
ǎi	bǎi	pǎi	dǎi	–	gǎi	kǎi	mǎi	nǎi	–	–
ǎo	bǎo	pǎo	dǎo	tǎo	gǎo	kǎo	mǎo	nǎo	lǎo	–
ǎn	bǎn	–	dǎn	tǎn	gǎn	kǎn	mǎn	–	lǎn	fǎn
ǎng	bǎng	pǎng	dǎng	tǎng	gǎng	–	mǎng	nǎng	lǎng	fǎng
ěn	běn	–	–	–	gěn	–	–	–	–	fěn
ěng	běng	pěng	děng	–	gěng	–	měng	–	lěng	fěng
ǐn/yǐn	–	pǐn	–	–	–	–	mǐn	–	lǐn	–
ǐng/yǐng	bǐng	–	dǐng	tǐng	–	–	–	nǐng	lǐng	–

Tabelle 7

1 **Tonübung** **Lesen Sie die folgenden Silben laut und vergleichen Sie Ihre Aussprache mit dem Audio-Track.** ◎ 1; 32

mā – mǎ	mà – mǎ	mǎ – mā	mǎ – mà
bāo – pǎo	dà – tǎ	gǎi – kāi	mǎn – màn
lǐn – līn	fěn – fēn	lǎn – làn	hǎo – hào

2 Wir üben nun zweisilbige Wörter mit verschiedenen Tonfolgen. Hören Sie zunächst zu; erst dann sprechen Sie nach! ◎ 1; 33

1. + 3. Ton	dānbǎo	gēpǔ	gēnběn	kāngkǎi	bīnglěng
	担保	歌谱	根本	慷慨	冰冷
	garantieren	Musiknote	grundsätzlich	großzügig	eiskalt

	gāngbǐ	gānkě	bēnpǎo
	钢笔	干渴	奔跑
	Füller	durstig	rennen

4. + 3. Ton	kànfǎ	dànǎo	mùbǎn	dàdǎn	dàilǐ
	看法	大脑	木板	大胆	代理
	Ansicht	Gehirn	Holzbrett	wagemutig	Vertreter

	dàilǐng	bù mǎn	bù lěng	kèkǔ	fùmǔ
	带领	不满	不冷	刻苦	父母
	führen	unzufrieden	nicht kalt	fleißig	Eltern

3. + 1. Ton	kǎigē	dǎtīng	mǎodīng	bǐnggān	gǎn'ēn
	凯歌	打听	铆钉	饼干	感恩
	Triumphlied	umhören	Nietnagel	Keks	Dankbarkeit

	kǎndāo	lǎn māo
	砍刀	懒猫
	Hackmesser	faule Katze

3. + 4. Ton	bǔkè	bǎomì	mǐfàn	kě'ài	pǎobù
	补课	保密	米饭	可爱	跑步
	Nachhilfe nehmen	geheim halten	Reis	liebenswert	joggen

	dǎodàn	fǎngmào	děngdài	gǎnmào	gǔdài
	导弹	仿冒	等待	感冒	古代
	Rakete	fälschen	warten	Erkältung	Altertum

	fǎnyìng
	反应
	Reaktion

D. Tonale Veränderung bei zwei 3. Tönen hintereinander

Achten Sie bei dieser Tonfolge auf die Veränderung des Tonhöhenverlaufs!

1 **Hören Sie dazu einige zweisilbige Wörter und sprechen Sie sie nach!** ◉ 1; 34

3. + 3. Ton

nǎlǐ	bǎodǎo	kǎodǎ	tǎngdǎo	bǐgǎn
哪里	宝岛	拷打	躺倒	笔杆
wo	Schatzinsel	foltern	hinfallen	Stifthalter

mǐfěn	fǎngǎn	fěnbǐ	lǐngdǎo	mǔnǎi
米粉	反感	粉笔	领导	母奶
Reisnudel	Antipathie	Kreide	führen	Muttermilch

běnlǐng	lǎobǎn	Měnggǔ
本领	老板	蒙古
Fähigkeit	Chef	Mongolei

Sie werden gemerkt haben, dass die beiden Silben mit dem dritten Ton nicht tonal gleich ausgesprochen werden. Wir haben hier ein Beispiel für tonale Veränderung: Treten nämlich hintereinander zwei Silben mit dem dritten Ton auf, so wird die erste Silbe nicht mit dem dritten, sondern mit dem zweiten Ton gesprochen. Aus dem tiefen wird somit ein steigender Ton. Noch komplizierter ist es, wenn mehrere Silben mit dem dritten Ton hintereinander stehen. Hier werden dritter und zweiter Ton alternierend gesprochen. Dazu einige Beispiele:

Bei der Begrüßung sagt man *Nǐ hǎo!* 你好! (gesprochen: Ní hǎo) ‚Guten Tag!'
Wird man nach dem Wohlbefinden gefragt, so antwortet man *Wǒ hěn hǎo!* 我很好! ‚Mir geht es gut!' (gesprochen: Wǒ hén hǎo!) oder *Wǒ yě hěn hǎo!* 我也很好! ‚Mir geht es auch gut!' (gesprochen: Wó yě hén hǎo!).

Bei dreisilbigen Wörtern, deren Silben alle den 3. Ton tragen, werden in der Regel die ersten beiden Silben mit dem 2. Ton ausgesprochen.
Dazu zwei Beispiele: *zhǎnlǎnguǎn* 展览馆 ‚Ausstellungshalle' (gesprochen: zhánlánguǎn) und *xiǎozǔzhǎng* 小组长 ‚Gruppenleiter' (gesprochen: xiáozúzhǎng). ◉ 1; 35

→ Pinyin

Obwohl sich die Aussprache bei der Tonfolge mit 3. + 3. Ton ändert, bleibt die Tonkennzeichnung für den 3. Ton im **Pinyin** erhalten. Auch bei mehrsilbigen Wörtern, die aus einer Folge von Silben mit dem 3. Ton bestehen, tragen die Silben das Zeichen für den 3. Ton, auch wenn sie mit dem 2. Ton gesprochen werden.

2 Lesen Sie die Wortgruppen laut und vergleichen Sie dann Ihre Aussprache mit dem Audio-Track. ⊙ 1; 36

fā dǎodàn	bābǎofàn	dǎ pīngpāng	kǎo dàngāo	kāndēng gēpǔ	dàilǐ lǎobǎn
发导弹	八宝饭	打乒乓	烤蛋糕	刊登歌谱	代理老板
eine Rakete schicken	Reis mit acht Kostbarkeiten	Pingpong spielen	Kuchen backen	Musiknoten veröffentlichen	stellvertretender Chef

3 Hören Sie neun Paare von Silben und kreuzen Sie die Silbe an, welche im 3. Ton gesprochen wurde! ⊙ 1; 37

☐ bi ☐ pi | ☐ ma ☐ ma | ☐ lang ☐ lang | ☐ hen ☐ fen

☐ ban ☐ man | ☐ gu ☐ gu | ☐ hao ☐ hao | ☐ ke ☐ e

☐ meng ☐ feng

Zusammenfassende Übungen

1 **Erweiterungsübung** Achten Sie beim Lesen darauf, dass die Töne der Wörter in den immer länger werdenden Wortketten beibehalten werden! ⊙ 1; 38

mǎi ▶ mài ▶ mǎimài ▶ mǎi dìtǎn ▶ mài dìtǎn ▶

买 / 卖 / 买卖 / 买地毯 / 卖地毯

kaufen / verkaufen / kaufen und verkaufen / Teppiche kaufen / Teppiche verkaufen

mǎimài dìtǎn ▶ mǎimài Měnggǔ dìtǎn ▶ mǎimài gǔdài Měnggǔ dìtǎn

买卖地毯 / 买卖蒙古地毯 / 买卖古代蒙古地毯

Teppiche kaufen und verkaufen / mongolische Teppiche kaufen und verkaufen / uralte mongolische Teppiche kaufen und verkaufen

Lǎobǎn dài lǐngdài. ▶ Lǎobǎn bān bǎndèng. ▶ Lǎobǎn dài lǐngdài bān bǎndèng.

老板戴领带。 / 老板搬板凳。 / 老板戴领带搬板凳。

Der Chef zieht eine Krawatte an. / Der Chef schleppt die Hocker. / Der Chef schleppt in Krawatte die Hocker.

2 Sprechübung **Bilden Sie selbst Sätze mit folgenden Wörtern!** ◉ 1; 39

Lǎobǎn ▷

> mǎi dìtǎn.
> mài dìtǎn.
> kǎo dàngāo.
> dǎ pīngpāng.
> pāndēng gāofēng.

3 Hören und zuordnen **Schreiben Sie die 12 Wörter in der Reihenfolge, wie Sie sie hören, unter die Bilder!** ◉ 1; 40

_____ _____ _____ _____ _____ _____

_____ _____ _____ _____ _____ _____

4 Diktat **Schreiben Sie die Wörter in Pinyin auf!** ◉ 1; 41

_____ | _____ | _____ | _____

_____ | _____ | _____ | _____

_____ | _____ | _____ | _____

_____ | _____ | _____ | _____

die Frikative *s* und *h* | die Diphthonge *ei* und *ou* | der 2. Ton

4 趁热打铁 Chèn rè dǎ tiě

Schmiede das Eisen, solange es heiß ist.

A. Weitere Frikative: *s* und *h*

Den Reibelaut F kennen wir bereits. Jetzt befassen wir uns mit zwei weiteren Reibelauten im Chinesischen, die auch im Deutschen vorkommen, nämlich dem S wie in *Haus*, *Maß* und *Eis* und dem H (im Deutschen häufig *Ach*-Laut genannt) wie in *Dach*, *Bach*, *Bauch* und *Buch*.

→ **Hintergrund**

Reibelaute, (in der phonetischen Fachterminologie **Frikative** genannt) werden durch die Bildung einer Enge zwischen einer Artikulationsstelle und einem Artikulator erzeugt. Durch die hindurchströmende Luft entsteht aufgrund der schnelleren Fließgeschwindigkeit an der Enge ein Reibegeräusch. Die drei Frikative, die sowohl im Deutschen als auch im Chinesischen vorkommen, werden an folgenden Stellen gebildet:

1. durch eine Engebildung zwischen der Unterlippe und den oberen Schneidezähnen (labiodentale Artikulation, vgl. Abb. 5: der stimmlose labiodentale Frikativ [f]).
2. durch eine Engebildung zwischen der Zungenspitze und dem Zahndamm (alveolare Artikulation, vgl. Abb. 6: der stimmlose alveolare Frikativ [s]).
3. durch eine Engebildung zwischen dem Zungenrücken und dem hinteren Gaumen (velare Artikulation, vgl. Abb. 7: der stimmlose velare Frikativ [x])

Stellung der Artikulationsorgane bei der Bildung labiodentaler, alveolarer und velarer Frikative

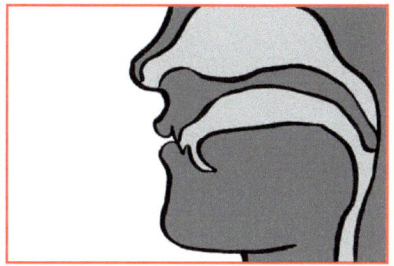

Abbildung 5:
labiodentaler Frikativ [f]

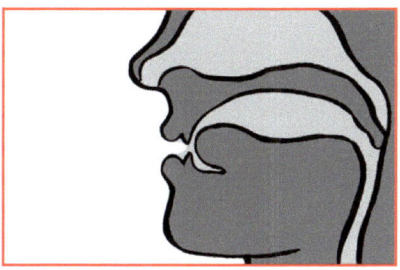

Abbildung 6:
alveolarer Frikativ [s]

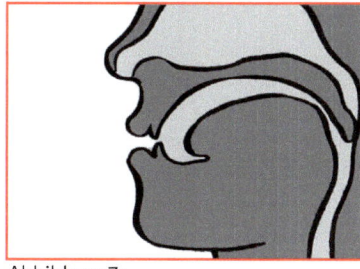

Abbildung 7:
velarer Frikativ [x]

Die Artikulation dieser Laute bildet für Deutschsprechende keine großen Schwierigkeiten. Ungewohnt ist jedoch die Distribution: Das stimmlose [s] des Chinesischen kommt ausschließlich am Wortanfang vor, wie z. B. in *să, sù, sān.* Im Deutschen gibt es in dieser Position (vor Vokalen) nur das stimmhafte Korrelat, z. B. in Wörtern wie *Sache, suchen* oder *Sand.* Der dem deutschen *Ach*-Laut ähnliche Reibelaut [x] (der im Chinesischen allerdings ein geringeres Reibegeräusch aufweist als im Deutschen) kommt im Chinesischen nicht am Wortende wie im Deutschen, sondern am Wortanfang vor, wo er im Deutschen wiederum nicht vorkommt.

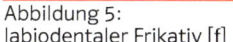

→ **Pinyin**

- Das stimmlose [s] wird wie im Deutschen mit *s* geschrieben. Der *Ach*-Laut [x] wird mit dem Symbol *h* wiedergegeben.
- Beim Lesen ist darauf zu achten, dass das aus dem Deutschen bekannte Zeichen *h* am Wortanfang (wie in *hupen, Haus, Huhn* oder *Hand*) eine deutlich stärkere Friktion aufweist.

Hier eine Zusammenfassung der Silben mit den Frikativen *h* und *s* in einer Tabelle:

Anlaut \ Auslaut	a	e	u	ai	ao	an	ang	en	eng
h	hā	hē	hū	hāi	hāo	hān	hāng	–	hēng
	hà	hè	hù	hài	hào	hàn	hàng	hèn	hèng
	hǎ	–	hǔ	hǎi	hǎo	hǎn	–	hěn	–
s	sā	–	sū	sāi	sāo	sān	sāng	sēn	sēng
	sà	sè	sù	sài	sào	sàn	sàng	–	–
	sǎ	–	–	–	sǎo	sǎn	sǎng	–	–

Tabelle 8

1 **Hören Sie jetzt eine Gruppe von Wörtern mit dem Frikativ *h* und sprechen Sie sie nach!** ◎ 1; 42

hǎibīn	hǎohàn	hūhǎn	hěn dà	bǎohù lǎohǔ	Hànbǎo
海滨	好汉	呼喊	很大	保护老虎	汉堡
Strand	guter Kerl	rufen	sehr groß	Tiger schützen	Hamburg

2 **Intersprachliche Kontrastübung** Die folgende Gegenüberstellung verdeutlicht den Unterschied zwischen dem Reibelaut *h* des Chinesischen und dem Hauchlaut *h* des Deutschen. Hören Sie zu! ◉ 1; 43

hū – hupen │ hàn – Hand │ hěn – Henne │ hài – Hai │ hào – Haus │ hā – haben

3 Hören Sie nun einige Wörter mit dem Frikativ *s* und sprechen Sie sie nach! ◉ 1; 44

sèsù	sùdù	sàimǎ	sàn bù	dǎsǎo	gāosēng
色素	速度	赛马	散步	打扫	高僧
Farbstoff	Tempo	Pferderennen	Spaziergang	sauber machen	hochrangiger Mönch

4 **Intersprachliche Kontrastübung** Die folgende Gegenüberstellung verdeutlicht den Unterschied zwischen dem stimmlosen Reibelaut *s* des Chinesischen und dem stimmhaften *s* des Deutschen. Hören Sie zu! ◉ 1; 45

sào – Sau │ sài – Seide │ sēn – senden │ sān – Sand │ sū – suchen

B. Die Diphthonge *ei* und *ou*

Wir wenden uns nun zwei weiteren Diphthongen zu, die im Chinesischen sehr häufig vorkommen. Im Deutschen kommen sie zwar nicht vor, doch sind ähnliche Diphthonge aus dem Englischen bekannt. In beiden Fällen handelt es sich um fallende Diphthonge.

Hören Sie zuerst einige Silben! ◉ 1; 46

Sie haben bemerkt, dass es sich hier um die beiden Diphthonge [ei] und [ʊ/əʊ] handelt. Die beiden Vokale [e] und [o] kommen im Chinesischen nicht als Einzelvokal vor, sondern erscheinen nur in Vokalverbindungen wie z. B. hier in den Diphthongen [ei] und [ʊ/əʊ]. Der Verlauf der beiden Diphthonge ist in Abb. 14 dargestellt.

→ Pinyin

- Die beiden Diphthonge, die auch ohne konsonantischen Anlaut vorkommen können, werden *ei* bzw. *ou* geschrieben. Die Markierung der Töne erfolgt jeweils über dem ersten Vokal, da es sich hier wieder um fallende Diphthonge handelt, also: *ēi* und *ōu*.
- Sprecher des Deutschen sollten beim Lesen darauf achten, die Buchstabenfolge <ei> nicht wie die deutsche Vokalkombination in *mein* oder *frei* und die Buchstabenfolge <ou> nicht wie in *Tour* oder *Couvert* auszusprechen.

Hier eine Zusammenfassung der Silben mit *ei* und *ou* in einer Tabelle:

Auslaut \ Anlaut	b	p	d	t	g	k	m	n	l	f	h	s
–	bēi	pēi	–		–	kēi	–	–	lēi	fēi	hēi	
èi	bèi	pèi	–	–	–		mèi	–	lèi	fèi	–	–
ěi	běi	–	děi		gěi		měi	něi	lěi	fěi	–	
ōu		pōu	dōu	tōu	gōu	kōu	mōu	–	lōu	–	hōu	sōu
òu	–	–	dòu	tòu	gòu	kòu	–	nòu	lòu	–	hòu	sòu
ǒu		pǒu	dǒu	tǒu	gǒu	kǒu	mǒu	–	lǒu	fǒu	hǒu	sǒu

Tabelle 9

1 **Hören Sie folgende Wörter mit *ei* und *ou* und sprechen Sie sie dann nach!** 🔘 1; 47

běifāng	pèibèi	nèibù	fēnlèi	měilì	hēi'àn
北方	配备	内部	分类	美丽	黑暗
Norden	ausrüsten	intern	sortieren	Schönheit	Dunkelheit

kāfēi	dàdòu	fǒudìng	hòubèi	hēi gǒu	kǒudài
咖啡	大豆	否定	后背	黑狗	口袋
Kaffee	Bohne	verneinen	Rücken	schwarzer Hund	Tüte

C. Der 2. Ton

Nachdem wir inzwischen den 1., 4. und 3. Ton kennengelernt haben, sind wir gut vorbereitet für den letzten Ton, nämlich den 2. Ton. Wie sich der 1. und 3. Ton als hoher Ton und tiefer Ton entgegenstehen, stehen sich auch der 4. und 2. Ton entgegen, freilich auf eine andere Art: Während beim 4. Ton die Tonhöhe abfällt, steigt sie beim 2. Ton an.

Hören Sie zunächst einige Beispielsilben: 🔘 1; 48

Sie merken, dass diese Wörter mit einer deutlichen steigenden Tonhöhebewegung gesprochen wurden, wie es in Abb. 8 dargestellt wird.

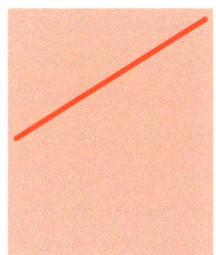

Der Einsatz des 2. Tons liegt höher als der des 3. Tons, aber tiefer als beim 1. und 4. Ton. Bei genauem Hinhören wird man feststellen, dass die Tonhöhe am Anfang des 2. Tons ganz kurz nach unten geht, bevor man den Ton in die Höhe schwingen lässt. Das ist das eigentliche ‚Geheimnis' des 2. Tons. Im Vergleich zum 3. Ton ist die sinkende Phase beim 2. Ton wesentlich kürzer.

Abbildung 8:
der steigende Ton

Hier eine Übersicht aller bisher bekannten Silben, die mit dem 2. Ton gesprochen werden können, in einer Tabelle.

Auslaut \ Anlaut	b	p	d	t	g	k	m	n	l	f	h	s
á	bá	pá	dá	–	gá	–	má	ná	lá	fá	–	–
ú/wú	bú	pú	dú	tú	–	–	mú	nú	lú	fú	hú	sú
í/yí	bí	pí	dí	tí	–	–	mí	ní	lí	–	–	–
é	–	–	dé	–	gé	ké	–	–	–	–	hé	–
ái	bái	pái	–	tái	–	–	mái	–	lái	–	hái	–
éi	–	péi	–	–	–	–	méi	–	léi	féi	–	–
áo	báo	páo	dáo	táo	gáo	–	máo	náo	láo	–	háo	–
óu	–	póu	–	tóu	–	–	móu	–	lóu	–	hóu	–
án	–	pán	–	tán	–	–	mán	nán	lán	fán	hán	–
én	–	pén	–	–	gén	–	mén	–	–	fén	hén	–
ín/yín	–	pín	–	–	–	–	mín	nín	lín	–	–	–
áng	–	páng	–	táng	–	káng	máng	náng	láng	fáng	háng	–
éng	béng	péng	–	téng	–	–	méng	néng	léng	féng	héng	–
íng/yíng	–	píng	–	tíng	–	–	míng	níng	líng	–	–	–

Tabelle 10

1 **Tonübung** Lesen Sie die folgenden Silben laut und vergleichen Sie Ihre Aussprache mit dem Audio-Track. ◉ 1; 49

mā-lá	▶	mà-lá	▶	mǎ-lá	
má-má-má	▶	là-là-là	▶	málà-làmá-málà	
mǎ-mǎ-mǎ	▶	dá-dá-dá	▶	mǎdá-dámǎ-mǎdá	
dì-dì-dì	▶	tú-tú-tú	▶	dìtú-túdì-dìtú	

2 Hören Sie nun einige Gruppen von Wörtern mit den Tonfolgen 1. + 2., 4. + 2., 3. + 2., 2. + 1., 2. + 4., 2. + 3. und 2. + 2. Ton. Sprechen Sie dann nach! ◉ 1; 50

1. + 2. Ton

fēnlí	pīnpán	hēibái	bīngbáo	gāolóu	bāng máng
分离	拼盘	黑白	冰雹	高楼	帮忙
trennen	kalte Platte	schwarz-weiß	Hagel	Hochhaus	helfen

ānníng	fāmíng	fēngnéng
安宁	发明	风能
Ruhe	Erfindung	Windenergie

4. + 2. Ton

dìtú	dàodé	pèihé	dài tóu	mìngtí	dàodá
地图	道德	配合	带头	命题	到达
Landkarte	Moral	koordinieren	voraus gehen	Thesen	ankommen

dànbái	hòumén
蛋白	后门
Eiweiß	Hintertür

3. + 2. Ton

běnlái	bǎohé	bǎihé	gǎigé	mǎdá	bǎntú
本来	饱和	百合	改革	马达	版图
ursprünglich	sättigend	Lotus	Reform	Motor	Territorium

bǎilíng	hěndú	kěnéng
百灵	狠毒	可能
Lerche	boshaft	Möglichkeit

2. + 1. Ton

líkāi	hángbān	míngdān	hé fēng	míngē	tíkū
离开	航班	名单	和风	民歌	啼哭
verlassen	Fluglinie	Namensliste	milder Wind	Volkslied	schreien

pínggū	Nánfēi
评估	南非
begutachten	Südafrika

2. + 4. Ton

dúlì	fúlì	mánglù	mí lù	dádào	féipàng
独立	福利	忙碌	迷路	达到	肥胖
unabhängig	Wohlstand	beschäftigt	sich verlaufen	erreicht	beleibt

gémìng	píbèi
革命	疲惫
Revolution	erschöpft

2. + 3. Ton

héfǎ	báimǎ	máobǐ	nánběi	píngděng	hánlěng
合法	白马	毛笔	南北	平等	寒冷
legal	weißes Pferd	Pinsel	Nord-Süd	Gleichbe-rechtigung	frostig

fángdǐng	péi běn	áibǎn
房顶	赔本	呆板
Hausdach	Verlust machen	stur

2. + 2. Ton

pínmín	tí míng	hépíng	píngtái	nánhái	léidá
贫民	提名	和平	平台	男孩	雷达
untere Schicht	nominieren	Frieden	Plattform	Junge	Radar

hégé	níngméng
合格	柠檬
normgerecht	Zitrone

3 **Hören Sie zu und füllen Sie die Lücken mit dem jeweiligen Auslaut (*ei*, *ai*, *ao* oder *ou*)!** ◎ 1; 51

Máot_____ | dìl_____ | làm_____ | m_____l_____ | s_____mǎ | d_____l_____ |

t_____n_____ | b_____mǐ | nánb_____ | f_____dìng | g_____l_____

Zusammenfassende Übungen

1 **Hören Sie zu und füllen Sie die Lücken mit entsprechendem Anlaut!** 1; 52

_____ă_____ǎo | _____ēi_____ǎn | _____éng_____ú | _____āo_____ù | _____ù_____ú |

_____òu_____én | _____án_____ái

2 **Hören Sie zu und setzen Sie die Tonzeichen auf den entsprechenden Vokal ein!** 1; 53

nanfang | hanleng | fuli | bantu | likai |

pingdeng | tudi | keneng | heping | heibai

3 **Lesen Sie folgende Wortgruppe zuerst selbständig, dann vergleichen Sie Ihre Aussprache mit dem Audio-Track.** 1; 54

Bādálǐng	Běidàihé	Běihǎi	Tàihú	fángfēnglín
八达岭	北戴河	北海	太湖	防风林
Badaling-Gebirge	Beidaihe (Badeort)	Nordsee	Taihu-See	Windschutzwald

gǎigé kāifàng	píngděng hùlì	kěkǒu kělè	Àolínpǐkè
改革开放	平等互利	可口可乐	奥林匹克
Reform und Öffnung	Gleichberechtigung und gegenseitige Begünstigung	(Erfrischungs-getränke)	olympisch

4 **Diktat Hören Sie zu und schreiben Sie die Wörter in Pinyin auf!** 1; 55

_____ | _____ | _____ | _____

_____ | _____ | _____ | _____

_____ | _____

die retroflexen Frikative *sh* und *r* | der Diphthong *ie* | der Diphthong *uo* (kontrahiert: *o*) | die Auslaute *ia, ian* und *iang* | der präpalatale Frikativ *x*

5 持之以恒 Chí zhī yǐ héng
Mit Nachhaltigkeit und Dauer

A. Die retroflexen Frikative *sh* und *r*

Wir lernen nun einen neuen Reibelaut kennen, der auditiv an den deutschen *sch*-Laut erinnert. Hören Sie zu: 🔴 1; 56

Die Artikulationsstelle dieses Reibelauts ist in der Tat ähnlich wie bei dem deutschen Laut, jedoch hat die Zungenspitze eine gänzlich andere Form: Während beim deutschen *sch*-Laut die Zunge nach vorne gestreckt ist, wie in *Schaf, Schau, schenken, Schule,* ist sie im Chinesischen nach oben gebogen (s. Abb. 9). Wir sprechen hier von retroflexer Artikulation. Dieser Reibelaut ist ebenso stimmlos wie die uns bereits bekannten Reibelaute *f, h* und *s*. Wir nennen den Reibelaut daher den stimmlosen retroflexen Frikativ. An derselben Artikulationsstelle und auf die gleiche Weise artikuliert wie der stimmlose retroflexe Frikativ gibt es (übrigens als einzigen stimmhaften Reibelaut im Chinesischen) ein stimmhaftes Korrelat.

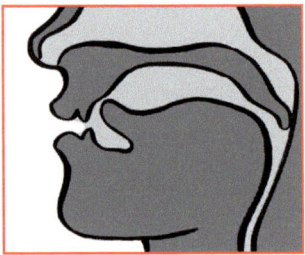

Abbildung 9:
Die retroflexe Artikulation mit nach oben gekrümmter Zungenspitze

→ Pinyin

- Der stimmlose retroflexe Reibelaut wird *sh*, das stimmhafte Korrelat *r* geschrieben.
- Beim Lesen ist darauf zu achten, dass *sh* nicht mit dem englischen Lautwert ausgesprochen (also nicht mit gestreckter, sondern mit nach oben gebogener Zungenspitze artikuliert) wird und dass man *r* nicht mit dem deutschen Lautwert verwechselt.

Hören Sie dazu einige Beispiele: ◉ 1; 57

Dass das ‚deutsche R', d. h. der uvulare Vibrant [ʀ] (und der uvulare Frikativ [ʁ] ebenso) keine auditive Ähnlichkeit mit dem stimmhaften retroflexen Frikativ *r* des Chinesischen hat, ist sehr deutlich daran zu erkennen, dass den Chinesen das ‚deutsche R' eher wie ein L klingt. (Immerhin gehören im Deutschen [l] und [ʀ] zur selben Klasse, nämlich zu den Liquiden.) Daher wird das ‚deutsche R' in Eigennamen von Chinesen durch l substituiert, wie in *Bólándēngbǎo* 勃兰登堡 (*Brandenburg*) oder *Shīluódé* 施罗德 (*Schröder*). Wenn also der Kellner im Chinarestaurant fragt, ob der Gast eine ‚Flühlingslolle' haben möchte, dann ist das kein Scherz, sondern hat seine Ursache in der auditiven Zuordnung des ‚deutschen R' und seiner Wahrnehmung als Liquid. Dass die beiden Laute in der jeweiligen Orthographie mit <r> wiedergegeben werden, ist dabei unerheblich und zeigt nur, dass es sich hierbei lediglich um eine ‚sprachinterne' Festlegung handelt.

Hier sind die Silben mit den Anlauten *sh* und *r* in einer Tabelle zusammengefasst.

Auslaut / Anlaut	a	e	u	ai	ao	ei	ou	an	ang	en	eng
sh	shā	shē	shū	shāi	shāo	–	shōu	shān	shāng	shēn	shēng
	shá	shé	shú	–	sháo	shéi	shóu	–	–	shén	shéng
	shǎ	shě	shǔ	shǎi	shǎo	–	shǒu	shǎn	shǎng	shěn	shěng
	shà	shè	shù	shài	shào	–	shòu	shàn	shàng	shèn	shèng
r	–	–	–	–	–	–	–	–	–	–	rēng
	–	–	rú	–	ráo	–	róu	rán	–	rén	réng
	–	rě	rǔ	–	rǎo	–	–	rǎn	rǎng	rěn	–
	–	rè	rù	–	rào	–	ròu	–	ràng	rèn	–

Tabelle 11

1 **Hören Sie folgende Wörter mit *sh* und *r* und sprechen Sie sie nach!** ◉ 1; 58

dàshà	sùshè	túshū	shǎoshù	shǒudū
大厦	宿舍	图书	少数	首都
Hochhaus	Wohnheim	Bücher	Minderheit	Hauptstadt

pá shān	shàng bān	shènglì	rènéng	rénmín
爬山	上班	胜利	热能	人民
auf den Berg klettern	zur Arbeit	Sieg	Wärmeenergie	Volk

ròubǐng	ránshāo	rěnràng	réngrán	shāngrén
肉饼	燃烧	忍让	仍然	商人
Fleischfladen	brennen	zurückhalten	immer noch	Geschäftsmann

B. Die Diphthonge *ie* und *uo*

Uns ist bereits bekannt, dass sich bei den Vokalverbindungen *ei* und *ou* die Zunge während der Artikulationsdauer von einer mittleren auf eine höhere Position hebt; wir kommen nun zu zwei Vokalverbindungen mit genau der umgekehrten Zungenbewegung. Die Zunge senkt sich von einer hohen auf eine mitteltiefe Position: [ɪɛ] und [ʊɔ]. Die Endpunkte der Diphthonge [ɪɛ] und [ʊɔ] liegen allerdings deutlich tiefer als die Anfangspunkte in *ei* und *ou*. Die Vokalverbindung [ɪɛ] entspricht etwa dem Wortanfang des deutschen *jetzt* und die Vokalverbindung [ʊɔ] entspricht etwa dem Wortanfang des englischen *water*. Außerdem ist die Intensität genau umgekehrt: Sie steigt während der Artikulationsdauer an. Bei *ei* und *ou* handelt es sich um fallende, bei [ɪɛ] und [ʊɔ] um steigende Diphthonge. Der Verlauf dieser beiden Diphthonge ist in Abb. 14 dargestellt. Der Anstieg der Intensität bei [ʊɔ] hat zur Folge, dass bei schneller Sprechweise das *u* flüchtiger ausgesprochen wird oder sogar ganz entfallen kann. Letzteres ist regelmäßig nach den labialen Konsonanten *b*, *p*, *m* und *f* der Fall. Ansonsten kommt *o* [ɔ] als Einzelvokal im Chinesischen nicht vor. Das *o* kommt im Chinesischen als Einzelvokal nur in wenigen Interjektionen vor, wie z. B. ō 喔, ó bzw. ò 哦. In diesem Fall wird *o* [o] ausgesprochen.

> **→ Pinyin**
>
> ■ Der Diphthong [ɪɛ] wird nach einem Konsonanten *ie*, am Silbenanfang *ye* geschrieben. Der Diphthong [ʊɔ] wird am Silbenanfang *wo* geschrieben.
> Nach den labialen Konsonanten schreibt man nur *o*, also *bo, po, mo* und *fo*. In allen übrigen Fällen wird *uo* geschrieben.
> Da es sich hier um steigende Diphthonge handelt, erfolgt die Markierung des Tons auf dem zweiten Element, also dem *e* bzw. dem *o*: *iē* und *uō*.
>
> ■ Bei *wo* ist zu berücksichtigen, dass <w> nicht mit der Lautqualität des Deutschen (als stimmhafter Frikativ wie in *Wasser*, *wer* oder *wo*) auszusprechen ist, sondern mit einer Lautqualität wie im Englischen, z. B. in *water*. Bei *ye* ist zu beachten, dass <y> zwar wie der deutsche ‚j-Laut' gesprochen, jedoch nicht wie im Deutschen mit <j> (wie in *jeder* oder *jünger*), sondern mit *y* wiederzugeben ist.

Hier die Silben mit *uo* zusammengefasst in einer Tabelle:

Auslaut	–	b	p	d	t	g	k	m	n	l	f	h
uo	wō	–	–	duō	tuō	guō	–	–	–	luō	–	huō
	wó			duó	tuó	guó	–	–	nuó	luó		huó
	wǒ			duǒ	tuǒ	guǒ	–	–	–	luǒ		huǒ
	wò			duò	tuò	guò	kuò	–	nuò	luò		huò
(u)o	–	bō	pō	–	–	–	–	mō	–	–	–	–
		bó	pó					mó			fó	
		bǒ	pǒ					mǒ			–	
		bò	pò					mò				

Tabelle 12

1 Hören Sie nun einige mehrsilbige Wörter. Sprechen Sie sie dann nach und vergleichen Sie Ihre Aussprache mit dem Audio-Track. ◉ 1; 59

duōshǎo	tuōpán	nuòruò	luòhòu	shōuhuò	fēngshuò	kuòdà	Déguó
多少	托盘	懦弱	落后	收获	丰硕	扩大	德国
wie viel	Tablett	schwach	rückständig	Ernte	üppig	erweitern	Deutschland

shānpō	mófàn	bǐmò	fó	wǒ	wòpù	Bólín
山坡	模范	笔墨	佛	我	卧铺	柏林
Hügel	Vorbild	Stift und Tusche	Buddha	ich	Schlaf-wagon	Berlin

2 **Hören Sie zu und füllen Sie die Lücken mit dem Auslaut *ou, uo, o* oder *u*!** 🎯 1; 60

h_____dài | diǎnh_____ | sh_____h_____ | p_____h_____ | h_____sh_____ |

n_____r_____ | l_____h_____ | gāol_____ | g_____t_____ | fánd_____ |

sh_____d_____ | kāik_____ | m_____s_____ | b_____l_____ |

Hier eine Übersicht der Silben mit *ie* in einer Tabelle.

Anlaut Auslaut	–	b	p	d	t	m	n	l
ie	yē	biē	piē	diē	tiē	miē	niē	–
	yé	bié	–	dié	–	–	–	lié
	yě	biě	piě	–	tiě	–	–	liě
	yè	biè	–	–	tiè	miè	niè	liè

Tabelle 13

3 **Hören Sie nun einige Wörter mit *ie* und sprechen Sie sie nach!** 🎯 1; 61

húdié	tiělù	fēnliè	miè huǒ	shùyè	tiányě
蝴蝶	铁路	分裂	灭火	树叶	田野
Schmetterling	Eisenbahn	zertrennen	Feuer löschen	Blätter	Feld

C. Die Auslaute *ia*, *ian* und *iang*

Nun lernen wir drei neue Lautkombinationen mit dem Vokal *i* kennen, nämlich *ia* [ɪɛ], *ian* [ɪæn] und *iang* [ɪɑŋ]. Im Gegensatz zum monophthongischen [i] und zum [i] in [ai], die beide geschlossen sind, wird in diesen drei Lautkombinationen ein offenes [ɪ] gesprochen, das etwa dem deutschen Lautwert [ɪ] wie in *bitte* oder *ist* entspricht. Beim *a* vor [ŋ] handelt es sich um das dunkle [ɑ], während das *a* in *ian* als [æ] ausgesprochen wird. Dieses liegt auditiv zwischen dem vorderen [a], dem Zentralvokal und dem Ä-Laut des Deutschen, klingt also ähnlich wie im englischen *bad*. In offener Silbe wird das zentrierte mittlere [ɐ] gesprochen.

→ Pinyin

- Allen drei Varietäten des A werden *a* geschrieben. Ohne vorangehenden Konsonant wird am Silbenanfang *y* statt *i* geschrieben, also *ya*, *yan* und *yang*.
- In den Lautkombinationen *ia*, *ian* und *iang* erfolgt die Kennzeichnung des Tons auf dem *a*, also dem Element, das die größere Intensität aufweist: *iā*, *iān* und *iāng*.

Hier sind die Silben mit *ia*, *ian* und *iang* in einer Tabelle zusammengefasst.

Auslaut \ Anlaut	–	b	p	d	t	m	n	l
ia	yā yá yǎ yà	–	–	–	–	–	–	– – liǎ –
ian	yān yán yǎn yàn	biān bián biǎn biàn	piān pián – piàn	diān – diǎn diàn	tiān tián tiǎn –	– mián miǎn miàn	niān nián niǎn niàn	liān lián liǎn liàn
iang	yāng yáng yǎng yàng	–	–	–			niáng – niàng	liáng liǎng liàng

Tabelle 14

1 Hören Sie einige Wörter mit *ia*, *ian* und *iang*. Sprechen Sie sie dann nach und vergleichen Sie Ihre Aussprache mit dem Audio-Track. ◉ 1; 62

pángbiān	biǎndān	piānpì	diàndēng	tiāntáng	liánhé
旁边	扁担	偏僻	电灯	天堂	联合
neben	Tragjoch	abseitig	elektrische Lampe	Paradies	Union

lìliàng	biànbié	tàiyáng	mànyán	fā yá	yá
力量	辨别	太阳	蔓延	发芽	牙
Kraft	unterscheiden	Sonne	ausbreiten	keimen	Zahn

D. Der präpalatale Frikativ *x*

Wir kommen jetzt zum letzten Reibelaut des Chinesischen. Hören Sie zuerst einige Beispiele: 1; 63

Er erinnert auditiv an den deutschen *Ich*-Laut oder den *Sch*-Laut, ist jedoch von diesen beiden Lauten deutlich zu unterscheiden und sollte auch nicht mit diesen Lauten verwechselt oder durch sie ersetzt werden.

→ Hintergrund

- Bei diesem Reibelaut handelt es sich um einen **stimmlosen präpalatalen Frikativ**. Präpalatale Laute haben wir bis jetzt noch nicht kennen gelernt. Ihre Artikulationsstelle lässt sich wie folgt beschreiben: Der Gaumen besteht aus einem harten Teil (vorderer Gaumen, lat. *palatum*) und einem weichen Teil (hinterer Gaumen, lat. *velum*). Vor dem Gaumen schließt sich der Zahndamm (auch Alveolen genannt, der Bereich zwischen der oberen Zahnreihe und dem Gaumen) an. Aufgrund dieser Dreiteilung zwischen Zähnen und Zäpfchen – Alveolen, Palatum, Velum – werden drei Artikulationsstellen festgelegt und an ihnen drei Klassen von Konsonanten erzeugt: alveolare, palatale und velare.
  Alveolar ist z. B. der S-Laut des Deutschen und des Chinesischen, **palatal** ist der deutsche Ich-Laut und **velar** der deutsche und der chinesische Ach-Laut.
- Nun gibt es noch eine Reihe von Lauten, die im Grenzbereich zwischen Zahndamm und vorderem Gaumen gebildet werden. Die zwischen den alveolaren und den palatalen Lauten erzeugten Laute nennen wir **postalveolare** oder **präpalatale Laute**. Neigt die Artikulationsstelle mehr dem Zahndamm zu, so sprechen wir von postalveolarer Artikulation (wie im Fall des deutschen *Sch*-Lauts), neigt die Artikulationsstelle mehr dem vorderen Gaumen zu, so sprechen wir von präpalataler Artikulation (wie im Fall des chinesischen Frikativs, von dem hier die Rede ist).
  Eine Abbildung für die Artikulationsstellen finden Sie in der Abbildung 26 im Anhang.

→ Pinyin

Der präpalatale Frikativ [ç] wird im Pinyin *x* geschrieben.

Wenn Sie versuchen, den präpalatalen Reibelaut *x* zu artikulieren, erreichen Sie die richtige Aussprache am besten, indem Sie vom deutschen *Sch*-Laut ausgehend die Zungenspitze hinter den Zahndamm führen. (In diesem Fall sollten Sie aber versuchen, die für den deutschen *Sch*-Laut charakteristische Lippenvorstülpung zu vermeiden). Sie können die richtige Aussprache aber auch erreichen, indem Sie vom deutschen *Ich*-Laut ausgehend die Zungenspitze nach vorn in Richtung Zahndamm schieben. Erleichtert wird die Unterscheidung zwischen dem präpalatalen *x* und dem retroflexen *sh* dadurch, dass *x* ausschließlich vor den Vokalen *i* und *ü* sowie vor Lautkombinationen vorkommt, die mit diesen beiden Vokalen beginnen, während *sh* nur vor den Vokalen *a, e, o* und *u* sowie vor Lautkombinationen vorkommt, die mit diesen Vokalen beginnen. Die beiden Laute *x* und *sh* stehen also in komplementärer Distribution.

Hier die Silben mit *x* in einer Tabelle zusammengefasst:

Anlaut \ Auslaut	ia	ian	iang	ie	in	ing
x	xiā	xiān	xiāng	xiē	xīn	xīng
	xiá	xián	xiáng	xié	–	xíng
	–	xiǎn	xiǎng	xiě	–	xǐng
	xià	xiàn	xiàng	xiè	xìn	xìng

Tabelle 15

1 Hören Sie nun einige zweisilbige Wörter mit dem präpalatalen Frikativ *x*. Sprechen Sie sie dann nach! 1; 64

xiàtiān	xiàndài	xiǎngxiàng	xiě xìn	xíngrén	xīnxīng
夏天	现代	想象	写信	行人	新星
Sommer	Gegenwart	Phantasie	Brief schreiben	Passagiere	neuer Stern

2 Hören Sie zu und unterscheiden Sie *sh*, *r* und *x*. Füllen Sie die Lücken mit dem entsprechenden Anlaut! 1; 65

____ōu____ù | ____ǎo____ù | ____iàn____ài | ____én____iān | ____āng____én | ____ià bān |

____iě ____ìn | ____íng____én | ____éng____án | ____èng____èn | ____iàng____àng | ____àng bù |

Zusammenfassende Übungen

1 Hören Sie zu und füllen Sie die Lücken mit dem entsprechenden Auslaut *ia*, *ian*, *iang* oder *ie*! 1; 66

x_____t_____ | xīnn_____ | x_____xìn | d_____nǎo | t_____lù | gǎnx_____ | fāx_____ |

l_____x_____ | lìl_____ | pūm_____ | b_____b_____ | rèl_____ |

2 Lesen Sie folgende Wörter und kurze Sätze. Achten Sie darauf, dass die gleich bleibenden Elemente unabhängig von ihrer Stellung stets ohne Änderung der Lautqualität und des Tons gelesen werden! 1; 67

rén	人	der Mensch
rénmín	人民	das Volk
rénmínbì	人民币	die Volkswährung (RMB)
diàntī	电梯	elektrische (Roll)treppe
diàndēng	电灯	elektrisches Licht
diànyǐng	电影	elektrische Schatten (Film)
diànnǎo	电脑	elektrisches Gehirn (Computer)
diànbīngxiāng	电冰箱	elektrischer Eisschrank (Kühlschrank)
shǒudū	首都	Hauptstadt
Déguó shǒudū	德国首都	die deutsche Hauptstadt

Liánbāng Déguó shŏudū	联邦德国首都	die Hauptstadt der Bundesrepublik Deutschland
xiě shū	写书	Bücher schreiben
xiě xìn	写信	Brief schreiben
xiě míngxìnpiàn	写明信片	Postkarte schreiben
yīshēng	医生	Arzt
yákē yīshēng	牙科医生	Zahnarzt
kàn yákē yīshēng	看牙科医生	Zahnarzt besuchen
Píngguǒ hěn xīnxiān.	苹果很新鲜。	Die Äpfel sind sehr frisch.
Wǒ yào mǎi hěn duō xīnxiān píngguǒ.	我要买很多新鲜苹果。	Ich möchte viele frische Äpfel kaufen.
Xiàtiān tàiyáng hěn rè.	夏天太阳很热。	Im Sommer ist die Sonne sehr heiß.

3 Diktat **Hören Sie zu und schreiben Sie die Wörter in Pinyin auf!** ◎ 1; 68

_____ | _____ | _____ | _____ | _____

_____ | _____ | _____ | _____ | _____

_____ | _____ | _____ | _____ | _____

4 **Tragen Sie in der Karte die Namen der fünf chinesischen Städte in Pinyin ein!** ◎ 1; 69

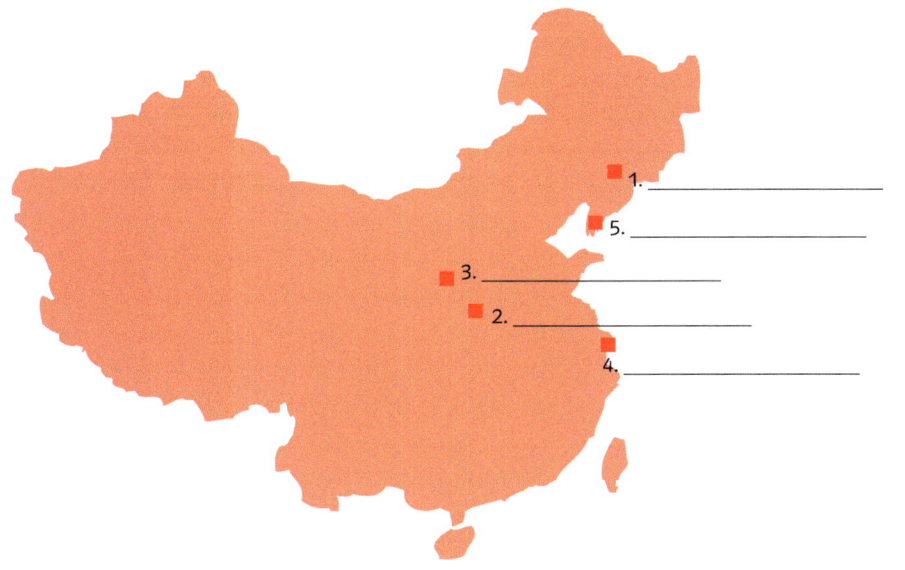

1. _____
5. _____
3. _____
2. _____
4. _____

die Triphthonge *iao* und *uai* | die Triphthonge *iou* (kontrahiert: *iu*) und *uei* (kontrahiert: *ui*) | Die Auslaute *ua*, *uan* und *uang* | die Auslaute *uen* (kontrahiert: *un*) und *ueng* | der Neutralton

6 滴水穿石 Dī shuǐ chuān shí

Steter Tropfen höhlt den Stein.

A. Die Triphthonge *iao* und *uai*

Hören Sie zunächst einige Silben mit zwei neuen Vokalkombinationen: 1; 70

Ihnen könnten die neuen dreigliedrigen Vokalverbindungen, die in den Beispielen zu hören waren, ungewöhnlich vorkommen. Bei der Artikulation dieser Vokalverbindungen macht die Zunge eine Bewegung, bei der drei Vokalqualitäten tangiert werden. Dabei ist darauf zu achten, dass die Dauer der Gesamtartikulation nicht wesentlich länger ist als die eines einfachen Vokals.
In der ersten Gruppe der Beispielsilben kommt der Triphthong [ɪɑʊ] vor, bei dessen Erzeugen die Zunge eine Bewegung ausführt, die vom offenen I über das hintere A zum offenen U führt.
In der zweiten Gruppe der Beispielsilben hören wir den Triphthong [uai], dessen Bewegung fast genau gegenläufig ist, nämlich vom geschlossenen U über das vordere A zum geschlossenen I (s. Abb. 15).

→ Hintergrund

- Bei beiden Vokalverbindungen handelt sich um steigend-fallende Triphthonge. Die Intensität ist also im mittleren Vokal am stärksten.
- Wie wir bereits vorher festgestellt haben, wird das A vor U als hinteres (dunkles) A und vor I als vorderes (helles) A gesprochen. In gleicher Weise wird das A auch in der Vokalverbindung [ɪɑʊ] und [uai] artikuliert.

→ **Pinyin**

Der Triphthong [ɪɑʊ] wird mit *iao* wiedergegeben (analog zur Schreibung des [ɑʊ] als *ao*). Geht kein Konsonant voran, so wird *yao* geschrieben. Für den Triphthong [uai] wird *uai* verwendet. Geht kein Konsonant voran, so wird *wai* geschrieben. Bei beiden Vokalverbindungen wird der Ton auf dem zweiten Vokal angegeben, z. B. *-iāo* und *-uāi*.

Hier die Silben mit *iao* und *uai* in zwei Tabellen zusammengefasst.

Anlaut / Auslaut	–	b	p	d	t	m	n	l	x
iao	yāo	biāo	piāo	diāo	tiāo	miāo	–	liāo	xiāo
	yáo	–	piáo	–	tiáo	miáo	–	liáo	xiáo
	yǎo	biǎo	piǎo	diǎo	tiǎo	miǎo	niǎo	liǎo	xiǎo
	yào	biào	piào	diào	tiào	miào	niào	liào	xiào

Tabelle 16

Anlaut / Auslaut	–	g	k	h	sh
uai	wāi	guāi	–	–	shuāi
	–	–	–	huái	–
	wǎi	guǎi	kuǎi	–	shuǎi
	wài	guài	kuài	huài	shuài

Tabelle 17

1 Hören Sie einige Wörter mit Triphthongen *iao* und *uai* und sprechen Sie sie nach! ◎ 1; 71

biǎoyǎn	diànyǐngpiào	tiào wǔ	shùmiáo	xiǎoniǎo	yèxiào
表演	电影票	跳舞	树苗	小鸟	夜校
aufführen	Kinokarte	tanzen	Baumsetzling	Vögelchen	Abendschule

wàiguó	yāoguài	kuàimàn	pòhuài	shuāiluò
外国	妖怪	快慢	破坏	衰落
Ausland	Ungetüm	Tempo	zerstören	verfallen

2 Kreuzen Sie die Silbe an, die Sie gehört haben! ◎ 1; 72

☐ gài ☐ guài | ☐ suàn ☐ sàn | ☐ huài ☐ hài | ☐ wèi ☐ wài |

☐ yào ☐ liào | ☐ dào ☐ diào

B. Kontraktion der Triphthonge *iou* und *uei*

Nun lernen wir zwei weitere Triphthonge kennen. Hören Sie zunächst einige Silben mit den beiden neuen Vokalkombinationen: ◎ 1; 73

Hier sind wieder Vokalverbindungen mit je drei Vokalqualitäten zu hören, nämlich [iou] in der ersten Gruppe und [uei] in der zweiten. Allerdings wird bei diesen beiden Vokalverbindungen das mittlere Element, nämlich [o] bzw. [e], weniger deutlich artikuliert, so dass diese Triphthonge häufig zu Diphthongen kontrahiert werden.

→ **Hintergrund**

- Bei [iou] wird eine Bewegung von I nach U und bei [uei] eine gegenläufige Bewegung von U nach I ausgeführt (s. Abb. 15).
- Der Unterschied zu den Triphthongen [ɪɑʊ] und [uai], die wir bereits kennen gelernt haben, besteht darin, dass bei [iou] und [uei] das mittlere Element, nämlich [o] bzw. [e] mit geringerer Intensität artikuliert wird oder gar ganz entfällt, so dass nur noch die erste und die letzte Vokalqualität übrig bleiben, da sie die größere Intensität aufweisen. Als Ergebnis der Kontraktion haben wir dann die Diphthonge [iu] und [ui]. Bei [ui] verlagert sich die Zungenmasse nach vorn vom geschlossenen U zum geschlossenen I, bei [iu] nach hinten vom offenen I zum offenen U (s. Abb. 15).

→ **Pinyin**

Die beiden Vokalverbindungen [ɪoʊ] und [uei] werden mit *iu* bzw. *ui* geschrieben (was ihrer kontrahierten Form entspricht), sofern ein Konsonant vorausgeht. Das Tonzeichen wird auf dem letzten Vokal geschrieben, z. B. *iū* und *uī*. Geht kein Konsonant voraus, werden sie *you* bzw. *wei* geschrieben (was ihrer nicht kontrahierten Form entspricht). In diesem Fall steht die Tonbezeichnung über dem *o* bzw. *e*, z. B. *yōu* bzw. *wēi*.

Hier nun einige Silben mit *iu* und *ui* in einer Tabelle zusammengefasst.

Anlaut / Auslaut	–	d	t	m	n	l	x	g	k	h	s	sh	r
iu	yōu	diū		–	niū	liū	xiū	–	–	–	–	–	–
	yóu	–		–	niú	liú	–						
	yǒu	–	–	–	niǔ	liǔ	xiǔ						
	yòu	–		miù	niù	liù	xiù						
ui	wēi	duī	tuī					guī	kuī	huī	suī	–	–
	wéi	–	tuí	–	–	–	–	–	kuí	huí	suí	shuí	ruí
	wěi	–	tuǐ					guǐ	kuǐ	huǐ	suǐ	shuǐ	ruǐ
	wèi	duì	tuì					guì	kuì	huì	suì	shuì	ruì

Tabelle 18

46

1 Hören Sie zu und kreuzen Sie an, welche Silbe Sie gehört haben! ◎ 1; 74

☐ suì ☐ shuì | ☐ guǐ ☐ ruǐ | ☐ xiū ☐ diū | ☐ liū ☐ yōu

2 Hören Sie zu und sprechen Sie die Beispielwörter nach! ◎ 1; 75

diū diào	niúnián	bǎoliú	tóukuī	huí guó	xiéhuì
丢掉	牛年	保留	头盔	回国	协会
wegwerfen	Jahr des Büffels	erhalten	Helm	heimkehren	Verein

pái duì	yòu tuǐ	mǐnruì	héshuǐ	Ruìdiǎn
排队	右腿	敏锐	河水	瑞典
sich anstellen	rechtes Bein	scharfsinnig	Fluss	Schweden

yōuxiù wèishēngduì	guīdìng tuìxiū niánlíng	xiūlǐfèi ángguì
优秀卫生队	规定退休年龄	修理费昂贵
ausgezeichnetes Sanitäterteam	das gesetzliche Rentenalter	hohe Reparaturkosten

C. Die Auslaute *ua*, *uan* und *uang*

Hören Sie nun einige Beispielsilbe mit einer neuen Vokalkombination *ua* [uɐ]: ◎ 1; 76

→ Hintergrund

Beim Vokal *u* handelt es sich hier um einen geschlossenen Vokal, der dem [u] im deutschen *du* ähnelt, doch wird das chinesische *u* mit stärker zurückgezogener Zunge gesprochen. Die Zunge ist etwa soweit wie beim deutschen [o] zurückgezogen, die Mundöffnung aber wie beim [u] verkleinert. Die Lippen sind gerundet und vorgestülpt. – Beim *a* ist auch hier wieder die unterschiedliche Vokalqualität zu beachten: Während in [uɐ] das mittlere [ɐ] gesprochen wird, ist es in [uan] das vordere [a] und in [uɑŋ] das hintere [ɑ].

→ Pinyin

Die drei Lautkombinationen [uɐ], [uan] und [uɑŋ] werden mit *ua*, *uan* bzw. *uang* wiedergegeben. Tonzeichen stehen über dem *a*, z. B. *huà*, *luàn* und *kuàng*. Geht kein Konsonant voran, so wird *wa*, *wan* und *wang* geschrieben.
w kann, wie es bei *wǒ 'ich'* bekannt ist, ähnlich wie im englischen Wort *water* gesprochen, aber oft ist zu hören, dass *w* wie im deutschen *Wasser* also [v] ausgesprochen wird.

Hören Sie dazu folgende Silben. Beim ersten Mal wird [w], beim zweiten Mal [v] gesprochen: ⊙ 1; 77

wā | wà | wǎn | wàn | wáng | wàng

Hier die Silben mit *ua*, *uan* und *uang* in einer Tabelle zusammengefasst.

Anlaut / Auslaut	–	d	t	g	k	h	n	l	sh	r
ua	wā			guā	kuā	huā			shuā	
	wá	–		guá	–	huá	–	–	–	
	wǎ			guǎ	kuǎ	–			shuǎ	
	wà			guà	kuà	huà			–	
uan	wān	duān	tuān	guān	kuān	huān	–	–	shuān	–
	wán	–	tuán	–	–	huán	–	luán	–	
	wǎn	duǎn	tuǎn	guǎn	kuǎn	huǎn	nuǎn	luǎn	–	ruǎn
	wàn	duàn	tuàn	guàn	–	huàn	–	luàn	shuàn	
uang	wāng			guāng	kuāng	huāng			shuāng	
	wáng	–		–	kuáng	huáng			–	
	wǎng			guǎng	kuǎng	huǎng			shuǎng	
	wàng			guàng	kuàng	huàng			–	

Tabelle 19

1 **Nummerieren Sie die Wörter nach der Reihenfolge, die Sie gehört haben!** ⊙ 1; 78

☐ guān ☐ huān ☐ guāng | ☐ suàn ☐ shuàn ☐ chuàng | ☐ wáng ☐ huāng ☐ wán

2 **Hören Sie folgende Wörter und sprechen Sie sie dann nach!** ⊙ 1; 79

wǎpiàn	dàikuǎn	hǎiguān	huángdì	guǎnggào	wǎngluò
瓦片	贷款	海关	皇帝	广告	网络
Dachziegel	Kredit	Zoll	Kaiser	Werbung	Netzwerk

yóukuàng	liángshuǎng	Huánghé	guānhuà	huàn rén
油矿	凉爽	黄河	官话	换人
Ölvorkommen	angenehm kühl	der Gelbe Fluss	Mandarin	Personal wechseln

3 Lesen Sie die folgenden Wörter und achten Sie darauf, die Laute und den Ton des gleich bleibenden Elements nicht zu verändern! ⊙ 1; 80

fànguǎn	bīnguǎn	kāfēiguǎn	túshūguǎn
饭馆	宾馆	咖啡馆	图书馆
Restaurant	Hotel	Café	Bibliothek

4 Hören Sie folgende kurze Sätze und sprechen Sie sie anschließend nach! ⊙ 1; 81

Wǎn'ān!	Huānyíng Táiwān dàibiǎotuán!	Miányī yòu wēnnuǎn yòu róuruǎn.
晚安！	欢迎台湾代表团！	棉衣又温暖又柔软。
Gute Nacht!	Willkommen, Delegation aus Taiwan!	Die Baumwolljacke ist warm und weich.

5 Eine kleine Herausforderung! Versuchen Sie folgende Wortgruppe bzw. den Satz zu lesen! ⊙ 1; 82

shuānghuángguǎn	Hǎiwài huárén guānguāngtuán	Wáng Guāngmíng guàng guāguǒdiàn.
双簧管	海外华人观光团	王光明逛瓜果店。
Oboe	Übersee-Chinesen-Reisegruppe	Wang Guangming schaut sich im Obstladen um.

D. Der Diphthong [uə] vor Nasalen *n* und *ng*

Eine weitere Vokalverbindung mit [u] ist [uə]. Dieser Diphthong ist ebenfalls steigend, sofern er voll ausgesprochen wird (s. Abb. 15). Er kommt nur vor *n*, also als [uən], und vor *ng*, also als [uəŋ], vor.

Hören Sie dazu einige Beispielsilben: ⊙ 1; 83

> **→ Hintergrund**
>
> - In Silben mit dem ersten und zweiten Ton wird [uə] vor *n* regelmäßig zu einem offenen [ʊ] kontrahiert, also [ʊn] gesprochen.
> - Geht in Silben mit den anderen Tönen ein Konsonant voran, so ist hier ebenfalls die kontrahierte Form, also das offene [ʊ] zu hören.
> - Vor *ng* wird jedoch die Vokalkombination deutlich als Diphthong [uə] ausgesprochen, also: [uəŋ].

→ **Pinyin**

- Die Lautkombination [uən] wird im Pinyin mit *un* (statt *uen*) wiedergegeben (was der kontrahierten Form entspricht), sofern ein Konsonant vorangeht. Geht kein Konsonant voran, so wird *wen* geschrieben (was der nicht kontrahierten Form entspricht). Da vor [uən] nie ein konsonantischer Anlaut vorkommt, wird hier stets *weng* geschrieben.
- Die Tonzeichen stehen bei *un* über dem *u* und bei *wen* und *weng* über dem *e*, z. B. *lūn*, *wén* und *wēng*. Das <w> bei *wen* und *weng* kann wie im englischen Wort 'water', also [w] gesprochen, als auch wie im deutschen Wort 'Wasser', also [v] gesprochen werden.

Hier sämtliche Silben mit *un* und *ueng* in einer Tabelle zusammengefasst.

Anlaut / Auslaut	–	d	t	g	k	h	l	sh	r	s
un (uen)	wēn	dūn	tūn	–	kūn	hūn	lūn	–	–	sūn
	wén	–	tún	–	–	hún	lún	–	–	–
	wěn	dǔn	tǔn	gǔn	kǔn	hǔn	–	shǔn	–	sǔn
	wèn	dùn	tùn	gùn	kùn	hùn	lùn	shùn	rùn	–
ueng	wēng – wěng wèng	–	–	–	–	–	–	–	–	–

Tabelle 20

1 Sie hören zunächst einige Wörter. Sprechen Sie sie anschließend nach! 🎧 1; 84

wénhuà	déwén	máodùn	wàisūn	huánghūn
文化	德文	矛盾	外孙	黄昏
Kultur	Deutsch	Widerspruch	Enkel	Abenddämmerung

rùnnián	lǎowēng	Lúndūn	Huáshèngdùn	Kūnmíng
闰年	老翁	伦敦	华盛顿	昆明
Schaltjahr	alter Mann	London	Washington	Kunming

2 Lesen Sie folgende Kurzsätze laut und vergleichen Sie Ihre Aussprache mit dem Audio-Track. 🎧 1; 85

Tā huì shuō déwén, bú huì shuō yīngwén hé fǎwén.

他会说德文，不会说英文和法文。

Er kann Deutsch sprechen, kein Englisch und Französisch.

Zhù nǐ shùnlì!

祝你顺利！

Ich wünsche dir, dass alles gut klappt!

E. Der Neutralton

Bisher haben wir die vier Töne kennen gelernt und wissen, dass ihre Eigenschaften vom Verlauf der Tonhöhe, Tonlänge und Tonstärke bestimmt sind. Anders als bei den anderen vier Tönen sind die Silben mit neutralem Ton nicht betont und werden recht kurz gesprochen, z. B. 🔴 1; 86

Hǎo le!
„Fertig!"

Hǎo ma?
„Okay?"

oder

wǒ de
„mein"

Der Neutralton richtet sich in seiner Tonhöhe immer nach dem Ton der vorhergehenden Silbe: Nach dem 1., 2. und 4. Ton zeigt der Neutralton grundsätzlich eine fallende Tendenz. Nur dessen Ausgangspositionen unterscheiden sich. Nach dem hohen Ton fällt die Tonhöhe in das untere Drittel des Stimmspektrums ab, z. B. in *māma*, *gēge*. Nach dem fallenden Ton bleibt der neutrale Ton auf der Tonhöhe, die der fallende Ton erreicht hat, z. B. in *bàba*, *mèimei*. Nach dem steigenden Ton sinkt die Tonhöhe beim Neutralton von der Endposition des Tons der vorherigen Silbe weiter nach unten, z. B. *máfan*. Allein nach dem 3. Ton steigt der Neutralton leicht an; seine Ausgangstonlage ist relativ hoch, z. B. *hǎo de*! (s. Abb. 10 – 13).

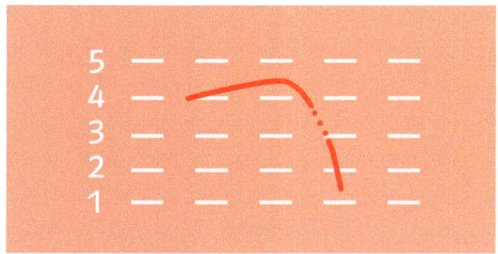

Abbildung 10:
der Neutralton nach dem 1. Ton

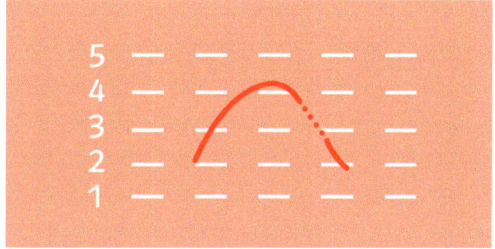

Abbildung 11:
der Neutralton nach dem 2. Ton

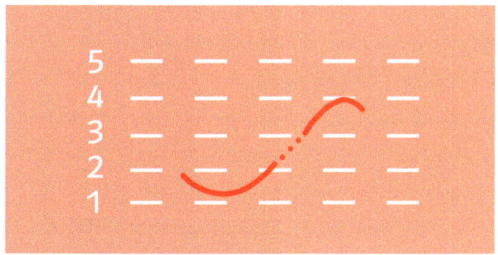

Abbildung 12:
der Neutralton nach dem 3. Ton

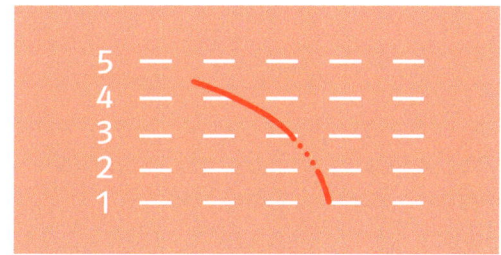

Abbildung 13:
der Neutralton nach dem 4. Ton

→ Pinyin

In den Silben mit dem Neutralton wird über dem Vokal kein Zeichen gesetzt.

→ **Hintergrund**

■ Die Anzahl der rein neutralen Silben ist sehr begrenzt. Es handelt sich meist um Partikeln mit einer bestimmten grammatischen Funktion, z. B. die Fragepartikeln *ma* 吗, *ne* 呢 oder die auf Personen bezogene Pluralpartikel *men* 们, die Attributivpartikel 的, die Adverbialpartikel 地 und die Komplementpartikel 得 (alle drei werden *de* ausgesprochen) sowie die Zeitpartikel *zhe, le, guo*, z. B. *kàn zhe* 看着 (*betrachtend*), *chī le* 吃了 (*haben gegessen*), *qù guo* 去过 (*da gewesen*) und die Suffixe wie *me, zi, li, mian, bian, tou* u. a., z. B. in *shénme* 什么 (*was*), *màozi* 帽子 (*Mütze*), *jiāli* 家里 (*heim*), *wàimian* 外面 (*draußen*) und *shàngtou* 上头 (*oben*).

■ Außerdem gibt es eine Anzahl von Silben, die in bestimmten Kontexten neutral gesprochen werden sollen, z. B. manche Zähleinheitswörter, das zweite Element mancher zusammengesetzter Wörter und bei der Verdoppelung von Verben, Substantiven, Adjektiven und Adverbien, z. B. *shìshi* 试试 (*mal probieren*), *bǎobao* 宝宝 (*Baby*), *mànman* 慢慢 (*langsam*). Darüber hinaus gibt es Silben, die neben ihrem ursprünglichen Ton auch im Neutralton ausgesprochen werden können, allerdings könnte dadurch ein Bedeutungsunterschied hervorgerufen werden. So hat das Wort *dōngxī* 东西 die Bedeutung *Ost und West*; wenn man aber die zweite Silbe mit dem Neutralton spricht, also *dōngxi*, heißt es dann *Sache*.

1 Hören Sie einige Wörter mit dem Neutralton und sprechen Sie sie nach! ◉ 1; 87

māma	tàitai	xiānsheng	wǒmen	gàosu	wǎnshang	péngyou
妈妈	太太	先生	我们	告诉	晚上	朋友
Mama	Frau/Ehefrau	Herr	wir	mitteilen	Abend	Freund

kànkan	xiǎng yi xiǎng	Xièxie!	Duì le!	Bǎo le!	Hǎo de!
看看	想一想	谢谢!	对了!	饱了!	好的!
mal sehen	mal nachdenken	Danke!	Richtig!	(Bin) satt!	Okay!

2 Hören Sie zunächst nun einige Wörter, in denen sich die Bedeutung des Wortes durch den Neutralton verändert. Sprechen Sie dann nach! ◉ 1; 88

dìdào – dìdao	dàyì – dàyi	mǎimài – mǎimai	duìtóu – duìtou
地道	大意	买卖	对头
Bunker | original	Hauptinhalt | nachlässig	kaufen und ver-kaufen | Geschäft	in richtiger Richtung | Gegner

3 **Lesen Sie folgenden kurzen Dialog zuerst und hören Sie dann die Aufnahme.** 🎧 1; 89

Fúwùyuán: Nǐmen yào chī shénme?

服务员： 你们要吃什么？

Bedienung: Was möchtet ihr essen?

Gùkè: Wǒmen yào chī húntun, jiǎozi hé bāozi.

顾客： 我们要吃馄饨、饺子和包子。

Kunde: Wir möchten gerne Wantan, Jiaozi und Baozi essen.

4 **Hören Sie zu und füllen Sie die Lücken aus! Achten Sie dabei darauf, dass in jedem der Wortpaare eine Silbe mit dem Neutralton gesprochen wird!** 🎧 1; 90

míng_____ – hēi_____ | xiǎng_____ – xiǎng_____ | _____hǎo – péng_____ | pú_____ – _____huā

dì_____ – _____lǐ | xiàng_____ – yī_____ | kuài_____ – kuài_____ | dà_____ – dǎ_____

5 **Diktat** **Hören Sie zu und schreiben Sie die Wörter in Pinyin auf!** 🎧 1; 91

_____ | _____ | _____ | _____

_____ | _____ | _____ | _____

Test 1

1   Schreiben Sie alle Fortis- und Lenisplosive paarweise auf, die Sie bisher kennen gelernt haben!

2   Was haben die beiden retroflexen Frikative *sh* und *r* gemeinsam? Und wodurch unterscheiden sie sich?

3   Was können Sie zur Distribution der beiden Frikative *sh* und *x* sagen?

4   Schreiben Sie die Vokalkombinationen zu folgenden Kontraktionen auf.

iu: _____   ui: _____   o: _____   un: _____

5   Schreiben Sie alle Ihnen bisher bekannten Konsonanten auf, die vor dem Vokal *i* bzw. einer Vokalkombination, die mit *i* beginnt, stehen können!

6   Schreiben Sie alle Ihnen bisher bekannten Konsonanten auf, die vor dem Vokal *u* bzw. einer Vokalkombination, die mit *u* beginnt, stehen können!

7   Erklären Sie an den Beispielen „*gēn*" – „*Gen*" bzw. „*è*" – „*eben*": Wodurch unterscheidet sich das geschriebene *e* im Chinesischen von dem geschriebenen *e* im Deutschen?

8   Durch welche Merkmale unterscheiden sich die Töne im Chinesischen voneinander? Beschreiben Sie kurz die Eigenschaften der chinesischen Töne!

9   Schreiben Sie die Regel der Tonveränderung auf, wenn zwei Silben mit dem dritten Ton aufeinander folgen!

10   Trennen Sie folgende Wörter in zwei Silben! Achten Sie darauf, dass die Wörter auf zwei unterschiedlichen Weisen getrennt werden könnten.

xiangai   pingan   dangan   wanan

_____   _____   _____   _____

11 Wie müssen folgende Laute geschrieben werden, wenn kein Konsonant voran geht?

i: _____ u: _____ uo: _____ uan: _____ ie: _____ uai: _____

iou: _____ uen: _____ ian: _____ in: _____ ing: _____ ia: _____

12 Hören Sie zu und füllen Sie die Lücken mit den Anlauten, die Sie gehört haben! ◎ 1; 92

_____àn_____ìng | _____ăng_____uò | _____án_____è | _____uāng_____én

_____iāng_____ăng | _____āi_____īn | _____óu_____uăn

13 Hören Sie zu und füllen Sie die Lücken mit den Auslauten, die Sie gehört haben! ◎ 1; 93

p_____g_____ | d_____t_____ | h_____h_____ | r_____m_____ | x_____m_____

b_____d_____ | x_____x_____ | g_____h_____n_____ | sh_____sh_____

14 Hören Sie zu und setzen Sie die Tonzeichen auf den entsprechenden Vokal! ◎ 1; 94

kan shu – kan shu | wuli – wuli | xiangfu – xiangfu | danbai – tanbai | mafan

15 Hören Sie zu und kreuzen Sie die Silbe an, die Sie gehört haben! ◎ 1; 95

☐ dūnxià ☐ tūnxià | ☐ kāndēng ☐ pāndēng | ☐ luòhòu ☐ lóuhòu

☐ pèihé ☐ bèiké | ☐ xiǎngxiàng ☐ xiǎngxiang | ☐ shūsàn ☐ shūshān

☐ dàolù ☐ tàolu

16 Hören Sie zu und nummerieren Sie die Laute in folgenden Lautgruppen in der Reihenfolge, die Sie gehört haben! ◎ 1; 96

☐ xìnxīn ☐ xíngxīng ☐ xīnxīng | ☐ ránhòu ☐ shànhòu ☐ ràng hòu

☐ hēiyè ☐ hēi yān ☐ hǎiyàn | ☐ lánhuā ☐ lànghuā ☐ luàn huā

17 Diktat Hören Sie zu und schreiben Sie die Wörter in Pinyin auf! ◎ 1; 97

_____ | _____ | _____ | _____ | _____ | _____

_____ | _____ | _____ | _____ | _____ | _____

18 Hören Sie zu und schreiben Sie den Spruch von Konfuzius in Pinyin über den Schriftzeichen auf! ◎ 1; 98

三 人 行，必 有 我 师。 Wenn ich selbdritt gehe, so habe ich sicher einen darunter, der mein Lehrer sein kann. (Konfuzius: „Gespräche")

die Lenisaffrikaten *z, zh* und *j* | die Auslaute *ong* und *iong* | der Vokal *ü* | die Auslaute *ün, üe* und *üan*

7 欲穷千里目，更上一层楼。

Für eine bessere Aussicht steige noch eine Etage höher.

Yù qióng qiān lǐ mù, gèng shàng yì céng lóu.

A. Die Affrikaten

Wir lernen jetzt eine neue Gruppe von Konsonanten, die Affrikaten, kennen.

Wir haben die Reibelaute *s, sh, r* und *x* nach ihren Artikulationsstellen als alveolar (mit der Zungenspitze am Zahndamm gebildet: *s*), retroflex (mit nach oben gekrümmter Zungenspitze gebildet: *sh* und *r*) und präpalatal (mit der Zunge vor dem vorderen Gaumen gebildet: *x*) beschrieben. An diesen drei Artikulationsstellen gibt es im Chinesischen jeweils zwei Affrikaten, und zwar – genau wie bei den Plosiven – eine mit stärkerer Spannung und eine mit schwächerer Spannung. Die Affrikaten mit schwächerer Spannung werden Lenisaffrikaten genannt und die mit stärkerer Spannung Fortisaffrikaten. Sowohl die Lenisaffrikaten als auch die Fortisaffrikaten sind stimmlos. Wir behandeln zunächst die drei Lenisaffrikaten [ts], [tʂ] und [tɕ].

→ Hintergrund

Phonetisch betrachtet sind Affrikaten Verschlusslaute (Plosive). Unmittelbar nach der Lösung des Verschlusses bilden jedoch die Artikulationsorgane eine Enge, in der durch die Reibung der Luft ein Geräusch erzeugt wird wie bei Frikativen. Man kann also Affrikaten als „frikativ gelöste Plosive" bezeichnen.
Häufig werden sie allerdings auch als eine Kombination von Plosiv und Frikativ beschrieben.

Hören Sie ein paar Beispiele dazu: 🔘 2; 1

Die Artikulation der Affrikaten dürfte von der Artikulationsstelle her kein Problem darstellen, wenn man die Artikulation der Reibelaute an den drei Artikulationsstellen beherrscht. Die Artikulationsweise ist jedoch etwas schwieriger.

Die Affrikate [ts] wie z. B. in chinesischen Wörtern *zào, zū, zāng* hat im Deutschen kein Äquivalent. Die richtige Aussprache erreicht man am besten, wenn man vor dem initialen *s*-Laut des Deutschen, wie z. B. in *sauber, suchen, sang* ein *d* spricht. Freilich ist die Affrikate – wie bereits erwähnt – stimmlos.

Die Affrikaten [tʂ] (wie z. B. in *zhā, zhè, zhù*) und *j* [tɕ] (wie z. B. in *jìn, jie, jiào*) erinnern an die deutsche Affrikate *dsch* (wie z. B. in *Dschungel, Kambodscha*) und an die englische Affrikate *j* bzw. *g* wie in *jam, just, ginger*). Die Artikulationsstelle ist jedoch nicht wie im Englischen, sondern wie bei den bereits bekannten chinesischen Reibelauten: *zh* [tʂ] wie bei *sh* [ʂ], *j* [tɕ] wie bei *x* [ɕ].

Wegen der nah beieinanderliegenden Artikulationsstellen könnten *zh* und *j* dem deutschsprachigen Lerner beim Hören Schwierigkeiten bereiten, sie voneinander zu unterscheiden. Auf Grund ihrer Distribution lassen sie sich jedoch sehr gut auseinander halten. *zh* kommt (ebenso wie *z*) niemals vor den mit *i* oder *ü* beginnenden Auslauten, sondern nur vor den Vokalen *a, e, u* und *o* (einschließlich der mit diesen Vokalen beginnenden Auslaute) vor, während *j* nur vor *i* und *ü* (einschließlich der mit *i* und *ü* beginnenden Auslaute) auftritt.

> **→ Pinyin**
>
> Die alveolare Lenisaffrikate [ts] wird im **Pinyin** als *z*, die retroflexe [tʂ] als *zh* und die präpalatale [tɕ] als *j* geschrieben.

Hier die Silben mit *z* und *zh* in Tabellen zusammengefasst.

Anlaut \ Auslaut	a	e	u	ai	ao	ei	ou	an
z	zā	–	zū	zāi	zāo	–	zōu	zān
	zá	zé	zú	–	záo	zéi	zóu	zán
	zǎ	–	zǔ	zǎi	zǎo	–	zǒu	zǎn
	zà	zè	–	zài	zào	–	zòu	zàn
zh	zhā	zhē	zhū	zhāi	zhāo	–	zhōu	zhān
	zhá	zhé	zhú	zhái	zháo	–	zhóu	–
	zhǎ	zhě	zhǔ	zhǎi	zhǎo	–	zhǒu	zhǎn
	zhà	zhè	zhù	zhài	zhào	zhèi	zhòu	zhàn

Anlaut \ Auslaut	ang	en	eng	uo	ui	un	uan	uang
z	zāng	–	zēng	zuō	–	zūn	zuān	–
	–	–	zéng	zuó	–	–	–	–
	–	zěn	–	zuǒ	zuǐ	–	zuǎn	–
	zàng	zèn	zèng	zuò	zuì	–	zuàn	–
zh	zhāng	zhēn	zhēng	zhuō	zhuī	–	zhuān	zhuāng
	–	–	–	zhuó	–	–	–	–
	zhǎng	zhěn	zhěng	–	–	zhǔn	zhuǎn	–
	zhàng	zhèn	zhèng	–	zhuì	–	zhuàn	zhuàng

Tabelle 21

1 Unterscheiden Sie die Affrikaten *z* und *zh* und die Frikative *s* und *sh*.
Hören Sie folgende Beispiele und nummerieren Sie die Silben in der Gruppe in der Reihenfolge,
wie Sie sie gehört haben! ◎ 2; 2

☐ zā	☐ zhā	☐ sā	☐ sè	☐ zhè	☐ zè	☐ shè	☐ sēn	☐ zěn	☐ shěn	☐ zhěn
☐ zhuì	☐ zuì	☐ suì	☐ zhūn	☐ shùn	☐ sūn	☐ zūn	☐ shéi	☐ zéi	☐ zhèi	
☐ zǎn	☐ sǎn	☐ zhǎn	☐ sōu	☐ zhōu	☐ zōu		☐ shài	☐ sài	☐ zài	
☐ zuān	☐ zhuān	☐ suān	☐ zhuō	☐ shuō	☐ zuō					
☐ zhào	☐ zào	☐ shào	☐ zēng	☐ shēng	☐ zhēng					

2 Hören Sie folgende Wörter und Sätze mit den Affrikaten *z* und *zh* und sprechen Sie sie nach! ◎ 2; 3

fùzá	zànyáng	zǔxiān	zāipéi	zǒu lù	bǎozàng	zēngtiān
复杂	赞扬	祖先	栽培	走路	宝藏	增添
kompliziert	loben	Vorfahren	ausbilden	zu Fuß gehen	Schatz	vermehren

zūnshǒu	zuì hǎo	zuānyán	zhàpiàn	zhànzhēng	rènzhēn	zhàopiàn
遵守	最好	钻研	诈骗	战争	认真	照片
gehorchen	am besten	forschen	betrügen	Krieg	gewissenhaft	Foto

zhuānxīn	zhùhè	Ōuzhōu	Yàzhōu	Fēizhōu	Měizhōu
专心	祝贺	欧洲	亚洲	非洲	美洲
konzentriert	gratulieren	Europa	Asien	Afrika	Amerika

Zǎoshang hǎo!	Wǒ zhù zài Ōuzhōu Bīnguǎn.	Zhè zhāng zhàopiàn zhēn bàng!
早上好！	我住在欧洲宾馆。	这张照片真棒！
Guten Morgen!	Ich wohne im Hotel „Europa".	Dieses Foto ist wirklich sehr gut!

Hier nun die Silben mit der Lenisaffrikate *j* in einer Tabelle:

Anlaut \ Auslaut	ia	ian	iang	iao	ie	iu	in	ing
j	jiā	jiān	jiāng	jiāo	jiē	jiū	jīn	jīng
	jiá	–	–	jiáo	jié	–	–	jíng
	jiǎ	jiǎn	jiǎng	jiǎo	jiě	jiǔ	jǐn	jǐng
	jià	jiàn	jiàng	jiào	jiè	jiù	jìn	jìng

Tabelle 22

3 Unterscheiden Sie die präpalatale Affrikate *j* und den präpalatalen Frikativ *x*.
Hören Sie zu und kreuzen Sie die Silbe an, welche Sie gehört haben! ◎2; 4

☐ jiè ☐ xiè │ ☐ xiān ☐ jiān │ ☐ jiào ☐ xiào │ ☐ xiā ☐ jiā │

☐ jiū ☐ xiū │ ☐ jiàng ☐ xiàng

4 Hören Sie folgende Wörter mit den Lenisaffrikaten und sprechen Sie sie nach! ◎2; 5

jiānglái	fángjiān	jiāxiāng	zhuānjiā	jīntiān	ānjìng	jiěfàng	jiǔbā	jiǎo
将来	房间	家乡	专家	今天	安静	解放	酒吧	脚
Zukunft	Zimmer	Heimat	Experte	heute	ruhig	befreien	Bar	Fuß

Jiù mìng!	Zài jiàn!	Hěn jiǔ bú jiàn le!
救命!	再见!	很久不见了!
Hilfe!	Auf Wiedersehen!	Lange nicht mehr gesehen!

B. Die Auslaute *ong* und *iong*

Wir wenden uns nun wieder den Vokalen zu und werden zwei weitere Lautverbindungen mit *O* kennen lernen. Zuerst hören Sie zwei Gruppen von Silben. Achten Sie dabei auf die Qualität der Vokale, die dabei vorkommen! ◎2; 6

Wie Sie sicher festgestellt haben, ist in der ersten Gruppe eine Lautkombination zu hören, die aus einem offenen [ʊ] und dem Nasal [ŋ] besteht, also: [ʊŋ]. Diese Lautkombination kommt auch im Deutschen in Wörtern wie *Endung*, *Leitung* und *Lunge* vor.
In der zweiten Gruppe ist eine Lautkombination zu hören, die aus einem offenen [ɪ] und [ʊŋ] besteht, also: [ɪʊŋ]. Bei der Vokalkombination [ɪʊ] handelt es sich um einen steigenden Diphthong. Er wird durch eine Bewegung vom offenen *i* zum offenen *u* erzeugt und hat damit Ähnlichkeit mit der deutschen Lautkombination [jʊ] wie in *jung*.

→ Pinyin

- Die Lautkombination [ʊŋ] wird mit *ong* wiedergegeben.
  Die Lautkombination [ɪʊŋ] wird in Silben mit konsonantischem Anlaut *iong*, in Silben ohne konsonantischen Anlaut *yong* geschrieben.
  Das Tonzeichen steht einheitlich auf dem *o*, also z. B.: *dōng*, *xiōng* und *yōng*.
- Beim Lesen ist zu beachten, dass das *o* in *ong* und in *iong* nicht wie *Gong*, sondern wie *Zunge* im Deutschen auszusprechen ist. Ein [ɔ] als Einzelvokal wie in *Gong* oder *Post* gibt es im Chinesischen nicht.

Hier die Silben mit *ong* und *iong* in folgenden zwei Tabellen zusammengefasst:

Anlaut / Auslaut	d	t	g	k	h	n	l	r	s	z	zh
ong	dōng	tōng	gōng	kōng	hōng	–	–	–	sōng	zōng	zhōng
	–	tóng	–	–	hóng	nóng	lóng	róng	–	–	–
	dǒng	tǒng	gǒng	kǒng	hǒng	–	lǒng	rǒng	sǒng	zǒng	zhǒng
	dòng	tòng	gòng	kòng	hòng	nòng	lòng	–	sòng	zòng	zhòng

Tabelle 23

Anlaut / Auslaut	–	x	j
iong	yōng	xiōng	jiōng
	–	xióng	–
	yǒng	–	jiǒng
	yòng	–	–

Tabelle 24

1 Hören Sie folgende Wörter und sprechen Sie sie nach! ◎ 2; 7

lóng	dōngfāng hóng	jiāotōng	gōngzuò	hútong	zǒngtǒng
龙	《东方红》	交通	工作	胡同	总统
Drache	„Der Osten ist rot"	Verkehr	arbeiten	Gasse	Präsident

guāngróng	zèngsòng	zhòngyào	yīngxióng	xiōngdì	gōngfu xióngmāo
光荣	赠送	重要	英雄	兄弟	功夫熊猫
ehrenvoll	schenken	wichtig	Held	Gebrüder	Kungfu Panda

2 Lesen Sie folgende Wortgruppen laut und vergleichen Sie dann Ihre Aussprache mit dem Audio-Track. ◎ 2; 8

Zhōngguó	中国	China
Zhōngguó zuòjiā	中国作家	chinesische(r) Schriftsteller
Zhōngguó yīnyuè	中国音乐	chinesische Musik
Zhōngguó zǒnglǐ	中国总理	chinesischer Ministerpräsident
Zhōngguó gōngnóngyè	中国工农业	Industrie und Agrarwirtschaft Chinas
Zhōnghuá Rénmín Gònghéguó	中华人民共和国	Volksrepublik China

3 Tragen Sie in der Karte die Namen der fünf chinesischen Städte in Pinyin ein! ◎ 2; 9

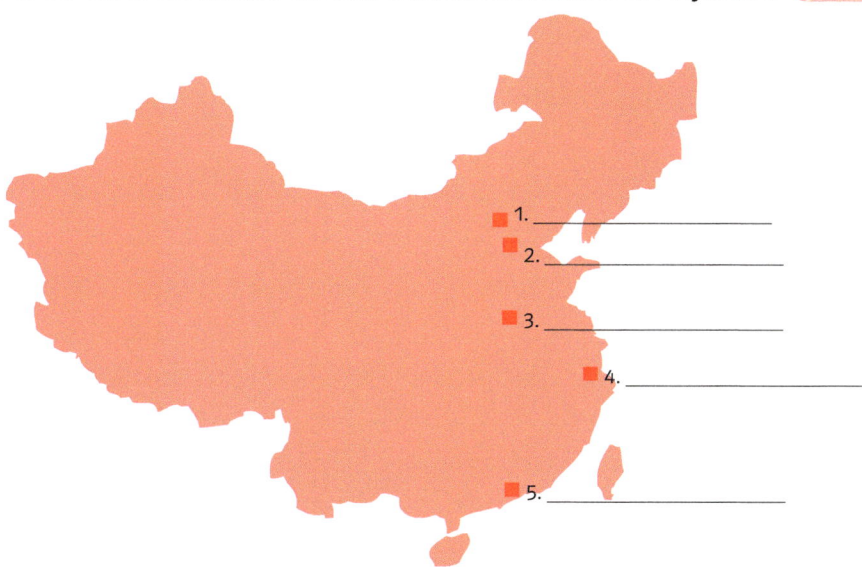

1. _____
2. _____
3. _____
4. _____
5. _____

C. Der Vokal *ü* und die Auslaute *ün*, *üe* und *üan*

Wir wenden uns nun einem weiteren Vokal zu. Hören Sie hierzu einige Beispielwörter. ◎ 2; 10

In den Beispielen ist ein Ihnen wohlbekannter Vokal zu hören, nämlich der Vokal *ü* [y] wie wir ihn in deutschen Wörtern wie *üben*, *lügen* haben.
Das *ü* kommt im Chinesischen nicht nur als Einzelvokal, sondern auch in zwei Vokalverbindungen vor.

Hören Sie dazu einige Beispielwörter! ◎ 2; 11

Wie Sie sicher festgestellt haben, kommt in den Silben der ersten Gruppe die Vokalkombination [yɛ] und in den Silben der zweiten Gruppe die Lautkombination [yæn] vor. Die Lautung [æn] kennen wir bereits aus der Lautkombination *ian* [ɪæn] wie in *tiān, jiān, xiān*. Bei den Vokalkombinationen [yɛ] und [yæ] handelt es sich um steigende Diphthonge.

> → **Pinyin**
>
> - Um die Schreibung des [y] im Pinyin verständlich zu machen, sei zuvor gesagt, dass es Positionen gibt, in denen sowohl *ü* als auch *u* vorkommen (wir sprechen dann von paralleler Distribution), und Positionen, in denen nur das *ü*, aber nicht *u* vorkommt – und umgekehrt (wir sprechen dann von komplementärer Distribution). Im Pinyin wird [y] in allen Positionen, in denen [u] nicht vorkommt, also nach präpalatalen Konsonanten (wie *j* und *x*) als *u* geschrieben, z. B. *xū, jū, xūn, jūn, xué, jué, xuān, juān*. In den Positionen, wo aber auch [u] vorkommt (also nach den Konsonanten *n* und *l*), wird [y] als *ü* geschrieben, z. B. *nǚ, lǚ, nüè, lüè*.
> - In den Fällen, in denen vor *ü*, *üe*, *üan* und *ün* kein Konsonant vorkommt, wird ein *y* an den Silbenanfang gestellt; in diesem Fall entfallen ebenfalls die ü-Pünktchen, z. B. *yú, yún, yuè* und *yuán*.
> - Das Tonzeichen steht beim Monophthong (*ü* und *ün*) über dem *ü* und bei den steigenden Diphthongen (*üe* und *üan*) über dem *e* bzw. dem *a*.

Hier sämtliche Silben mit den Auslauten *ü, üe, üan, ün* und den Anlauten *n, l, x, j* in einer Tabelle:

Anlaut / Auslaut	–	n	l	x	j
ü	yū yú yǔ yù	– – nǔ nǜ	– lǘ lǚ lǜ	xū xú xǔ xù	jū jú jǔ jù
üe	yuē – – yuè	– – – nüè	– – – lüè	xuē xué xuě xuè	juē jué juě juè
üan	yuān yuán yuǎn yuàn	–	–	xuān xuán xuǎn xuàn	juān – juǎn juàn
ün	yūn yún yǔn yùn	–	–	xūn xún – xùn	jūn – – jùn

Tabelle 25

1 Hören Sie einige Beispielwörter und sprechen Sie sie nach! ◎ 2; 12

fùnǚ	nǚxù	nüèdài	lǚxíngshè	lǜhuà	shěnglüè
妇女	女婿	虐待	旅行社	绿化	省略
Frauen	Schwiegersohn	misshandeln	Reisebüro	beforsten	weglassen

xūyào	xuǎnjǔ	jūliú	juédìng	juānxiàn	jūnduì
需要	选举	居留	决定	捐献	军队
Bedarf	Wahl	Aufenthalt	entscheiden	spenden	Armee

xúnzhǎo	yīyuàn	xià yǔ	jiǔyuè	yuèliang
寻找	医院	下雨	九月	月亮
suchen	Krankenhaus	regnen	September	Mond

2 Entscheiden Sie, ob in den folgenden Silben [u] oder [y] gesprochen wird und tragen Sie die Silben in das entsprechende Feld ein!

lùn, xūn, kùn, jūn, yún, sūn, dūn, zūn, zhūn, shùn │ huàn, zuān, juān, xuān, duān, yuán, suān,

kuān, luàn, nuǎn │ xū, lù, jǔ, yǔ │ yuè, jué, xué

[u]	[y]

Lesen Sie die Beispiele laut und vergleichen Sie dann Ihre Aussprache mit dem Audio-Track. ⊙ 2; 13

Zusammenfassende Übungen

1 Lesen Sie folgende Wörter und kurze Sätze laut! Vergleichen Sie dann Ihre Aussprache mit dem Audio-Track. ⊙ 2; 14

xiǎoxué	zhōngxué	dàxué	xuéshēng
小学	中学	大学	学生
Grundschule	Mittelschule	Universität	Schüler

Xiǎoxuéshēng shàng xiǎoxué.

小学生上小学。

Grundschüler besuchen die Grundschule.

Zhōngxuéshēng shàng zhōngxué.

中学生上中学。

Mittelschüler besuchen die Mittelschule.

Dàxuéshēng shàng dàxué.

大学生上大学。

Studenten besuchen die Universität.

Zhāng jiā xiōngdì jiǔyuè zhōng zài Niǔyuē lǚyóu.

张家兄弟九月中在纽约旅游。

Die Gebrüder der Familie Zhang reisen Mitte September durch New York.

Gōngyuán lǐ zāi le hěn duō huā.

公园里栽了很多花。

Im Park wurden viele Blumen angepflanzt.

2 Diktat Hören Sie zu und schreiben Sie die Wörter in Pinyin auf! ⊙ 2; 15

_____ │ _____ │ _____ │ _____

_____ │ _____ │ _____ │ _____

_____ │ _____ │ _____ │ _____

_____ │ _____

die Fortisaffrikaten *c*, *ch* und *q* | der retroflexe Zungenspitzenvokal *i* nach *zh*, *ch*, *sh* und *r* | der laminale Zungenspitzenvokal *i* nach *z*, *c* und *s* | der retroflexe Zentralvokal *er* | die Erisation

8 有志者，事竟成。 Yǒu zhì zhě, shì jìng chéng.
Wo ein Wille ist, ist auch ein Weg.

A. Die Fortisaffrikaten *c*, *ch* und *q*

Artikulationsstelle und Artikulationsweise der Affrikaten sind inzwischen bekannt. Auch wissen wir, dass nach dem Grad der Spannung zwei Arten von Affrikaten zu unterscheiden sind, nämlich Lenis- und Fortisaffrikaten. Wir wenden uns jetzt den drei Fortisaffrikaten zu.

Wie bei Lenisaffrikaten unterscheiden wir bei den drei Fortisaffrikaten nach ihrer jeweiligen Artikulationsstelle die alveolare, die retroflexe und die präpalatale Fortisaffrikate.

Hören Sie zunächst einige Beispielsilbe mit der alveolaren Fortisaffrikate: ◎ 2; 16

Die Aussprache von diesem Laut ähnelt dem z-Laut in deutschen Wörtern wie *zart, Zander, Zauber, zu, Zunge* oder *zanken*.

Hören Sie nun einige Beispielsilben mit der retroflexen Fortisaffrikate: ◎ 2; 17

Die Aussprache von diesem Laut ähnelt dem *<tsch>* wie z. B. im Wort *Deutsch*.
Freilich ist die Artikulation im Chinesischen retroflex.

Und hören Sie schließlich einige Beispielsilben mit der präpalatalen Fortisaffrikate: ⊙ 2; 18

Die Aussprache von diesem Laut ähnelt der im Deutschen gebräuchlichen Interjektion, geschrieben *tja*.

→ **Pinyin**

- Die alveolare Fortisaffrikate [tsʰ] wird im **Pinyin** als *c* geschrieben, die retroflexe Fortisaffrikate [tʂʰ] wird *ch* und die präpalatale Fortisaffrikate [tɕʰ] *q* geschrieben.
  Der Vokal *ü* wird nach *q* (wie nach *j* und *x*) als *u* geschrieben.
- Beim Lesen ist darauf zu achten, dass *c* auf keinen Fall als [k] (vor *a, o, u*) ausgesprochen werden darf. Auch bei den drei Zeichen *x, j* und *q* muss man beim Lesen auf den Unterschied zu den deutschen Lautwerten achten.
  Leicht zu merken ist hingegen, dass das *h* bei *zh, ch* und *sh*) die retroflexe Artikulation signalisiert.

Hier nun die Silben mit *c* und *ch* in einer Tabelle:

Anlaut \ Auslaut	a	e	u	ai	ao	ou	an	ang
c	cā	–	cū	cāi	cāo	–	cān	cāng
	–	–	–	cái	cáo	–	cán	cáng
	–	–	–	cǎi	cǎo	–	cǎn	–
	–	cè	cù	cài	cào	còu	càn	–
ch	chā	chē	chū	chāi	chāo	chōu	chān	chāng
	chá	ché	chú	chái	cháo	chóu	chán	cháng
	chǎ	chě	chǔ	–	chǎo	chǒu	chǎn	chǎng
	chà	chè	chù	–	–	chòu	chàn	chàng

Anlaut \ Auslaut	en	eng	uo	ui	un	uan	uang
c	cēn	–	cuō	cuī	cūn	cuān	–
	cén	céng	cuó	–	cún	cuán	
	–	–	–	cuǐ	–	–	
	–	cèng	cuò	cuì	cùn	cuàn	
ch	chēn	chēng	chuō	chuī	chūn	chuān	chuāng
	chén	chéng	–	chuí	chún	chuán	chuáng
	–	chěng	–	–	chǔn	chuǎn	chuǎng
	chèn	chèng	chuò	–		chuàn	chuàng

Tabelle 26

1 Hören Sie folgende Beispielwörter und sprechen Sie sie nach! Achten Sie dabei auf den Unterschied zwischen *c* und *ch*. ◉ 2; 19

cùjìn	nóngcūn	cānjiā	shūcài	cǎodì	cāngkù
促进	农村	参加	蔬菜	草地	仓库
fördern	Dorf	teilnehmen	Gemüse	Wiese	Lage

céngjīng	cuòwu	cōngming	chuánchǎng	chāchē	chūntiān
曾经	错误	聪明	船厂	叉车	春天
einst	Fehler	klug	Werft	Gabelstapler	Frühling

chōu yān	chénjiù	chéngguǒ	chuānghu	chūkǒu
抽烟	陈旧	成果	窗户	出口
rauchen	verstaubt	Erfolg	Fenster	Export

Hier die Silben mit der Fortisaffrikate *q* in einer Tabelle:

Anlaut \ Auslaut	ia	ian	iang	iao	ie	iu	in	ing	ü	üe	üan	ün
q	qiā	qiān	qiāng	qiāo	qiē	qiū	qīn	qīng	qū	quē	quān	–
	–	qián	qiáng	qiáo	qié	qiú	qín	qíng	qú	qué	quán	qún
	qiǎ	qiǎn	qiǎng	qiǎo	qiě	qiǔ	qǐn	qǐng	qǔ	–	quǎn	–
	qià	qiàn	qiàng	qiào	qiè	–	qìn	qìng	qù	què	quàn	–

Tabelle 27

2 Hören Sie dazu einige Beispielwörter und sprechen Sie sie nach! ◉ 2; 20

zúqiúduì	qiūqiān	qiáoliáng	quèqiè	niánqīng	guòqù
足球队	秋千	桥梁	确切	年轻	过去
Fußball-mannschaft	Schaukel	Brücke	sicher	jung	Vergangenheit

quēdiǎn	ānquán	qúnzhòng	qiàqiǎo	Bólín qiáng
缺点	安全	群众	恰巧	柏林墙
Schwäche	Sicherheit	Masse	zufällig	Berliner Mauer

3 Hören Sie zu und unterscheiden Sie *c, ch* oder *q*! Füllen Sie die Lücken entsprechend aus! ◎ 2; 21

_____bù – _____bù | _____jiā – _____jiǎ | _____lái – _____lái | _____jié – _____qián

mù_____ – mù_____ | _____qiáng – _____qiáng | _____qiǎo – _____jiǎo

4 Lesen Sie folgende Wortgruppen laut und vergleichen Sie dann Ihre Aussprache mit dem Audio-Track. ◎ 2; 22

chūzūchē	zuò chūzūchē	chángchéng	qù chángchéng
出租车	坐出租车	长城	去长城
Taxi	mit dem Taxi fahren	die Chinesische Mauer	zur Chinesischen Mauer fahren

zuò chūzūchē qù chángchéng

坐出租车去长城

mit dem Taxi zur Chinesischen Mauer fahren

5 Hören Sie zu und füllen Sie die Lücken mit *zh* oder *ch*, *z* oder *c* und *j* oder *q*. Lesen Sie dann die Wortpaare! ◎ 2; 23

zhēn_____éng – zhēn_____èng | _____ū_____ǎn – _____ū_____ǎn | _____uòluò – _____uòluò

mó_____ā – fù_____á | chún_____uì – chén_____uì | _____iēkāi – _____iēkāi

_____ùjué – _____ǔjué

6 **Diktat** Hören Sie zu und schreiben Sie die Wörter in Pinyin auf! ◎ 2; 24

_____ | _____ | _____ | _____ | _____

_____ | _____ | _____ | _____ | _____

_____ | _____ | _____ | _____ | _____

B. Der retroflexe Zungenspitzenvokal *i*

Neben dem geschlossenen [i] und dem offenen [ɪ], die beide mit nach vorn verlagertem Zungenrücken (wie im Deutschen) gesprochen werden, gibt es im Chinesischen noch einen weiteren *I*-Laut: den retroflexen Zungenspitzenvokal [ɿ].

Hören Sie zunächst zu! 🎯 2; 25

Bei dem retroflexen Zungenspitzenvokal liegt die Zungenspitze nicht flach (wie bei [i] und [ɪ]), sondern ist nach oben gekrümmt. Die Artikulation des retroflexen Zungenspitzenvokals wird dadurch erleichtert, dass er ausschließlich nach den retroflexen Konsonanten *zh*, *ch*, *sh* und *r* vorkommt, nach denen andere *I*-Laute nie vorkommen.

> **→ Pinyin**
>
> Der retroflexe Zungenspitzenvokal wird ebenfalls *i* geschrieben. Verwechslungen sind nicht möglich, da er nur nach *zh*, *ch*, *sh* und *r* vorkommt.

1 **Hören Sie die Unterschiede in den folgenden Silbenpaaren! Dann lesen Sie sie laut!** 🎯 2; 26

zhì – zhè | shì – shè | chī – chē | rì – rè

2 **Hören Sie folgende Wörter und Sätze und sprechen Sie sie nach!** 🎯 2; 27

lǎoshī	chī fàn	chídào	zhīchí	shíyànshì	jiàoshì	xīngqīrì	Rìběn
老师	吃饭	迟到	支持	实验室	教室	星期日	日本
Lehrer	essen	sich verspäten	unterstützen	Labor	Klassenzimmer	Sonntag	Japan

Qí lǎoshī xīngqīrì guò liùshí suì shēngrì.

齐老师星期日过六十岁生日。

Lehrer Qi feiert am Sonntag den 60. Geburtstag.

Zhè ge xuéshēng zhīdao qù shíyànshì bù néng chídào.

这个学生知道去实验室不能迟到。

Der Student weiß, dass er sich nicht verspäten darf, wenn er ins Labor geht.

C. Der laminale Zungenspitzenvokal [ʅ]

Als letzten Vorderzungenvokal der chinesischen Phonetik üben wir nun den laminalen Zungenspitzenvokal [ʅ].

Wir hören zunächst einige Silben als Beispiele: ◉ 2; 28

> **→ Hintergrund**
>
> Bei der Aussprache dieses Zungenspitzenvokals ist der Zungenrücken ähnlich wie beim retroflexen Zungenspitzenvokal [ɿ] geformt, die Zunge ist jedoch etwas weiter zurückgezogen und das Zungenblatt (Zungenspitze mit der Zungenfläche dahinter bis zum Ansatz des Zungenrückens, lat. *lamina*) ist nach vorne gestreckt in Richtung auf den Zahndamm (lat. *alveolae*).

Die Artikulation dieses Vokals ist leicht möglich, wenn man vom vorangehenden Konsonanten ausgeht und dann beim *i* die Friktion reduziert und gleichzeitig mit der Stimmbildung einsetzt. Erleichtert wird dies durch die Tatsache, dass dieses *i* nur nach den alveolaren Konsonanten vorkommt.

> **→ Pinyin**
>
> - Der laminale Zungenspitzenvokal [ʅ] wird ebenfalls *i* geschrieben.
> - Verwechslungen sind auch hier nicht möglich, da [ʅ] nur nach den Konsonanten *z*, *c* und *s* vorkommt.

1 **Hören Sie folgende Wörter mit *i* [ʅ] und sprechen Sie nach!** ◉ 2; 29

zìjǐ	cídiǎn	sīxiǎng	zìsī	sì jì	yúcì	fěnsī
自己	词典	思想	自私	四季	鱼刺	粉丝
selbst	Wörterbuch	Gedanken	egoistisch	vier Jahreszeiten	Fischgräte	Glasnudel/Fans

2 **Hören Sie zu und achten Sie auf die Unterschiede zwischen folgenden Silbenpaaren! Sprechen Sie dann nach!** ◉ 2; 30

zì – zè | cì – cè | sì – sè | zì cè | sèzé | zīběn

Unterscheidung von *zi, ci, si* | *ji, qi, xi* | *zhi, chi, shi*

3 **Hören Sie zu und füllen Sie die Lücken mit den entsprechenden Silben!** ◉ 2; 31

_____shēng – _____shēng | _____dao – _____dào | shēng_____ – shēng_____ |

jiāo_____ – jiāo_____ | míng_____ – míng_____ | _____xiǎng – _____xiǎng |

_____qì – _____qì | tuī_____ – tuī_____ | _____du – _____dù

Unterscheidung von *j, q, x* | *z, c, s* | *zh, ch, sh*

4 Lesen Sie folgende Wortgruppen sowie kurze Sätze laut und vergleichen Sie dann Ihre Aussprache mit dem Audio-Track. ◎ 2; 32

zīběn zhǔyì	jīngjì wēijī	qìchē sījī	sīchóu zhī lù	Rénmín Rìbào
资本主义	经济危机	汽车司机	丝绸之路	人民日报
Kapitalismus	Wirtschaftskrise	Busfahrer	Seidenstraße	Die Volkszeitung

Duìbuqǐ!	Méi guānxi!	Zhè shì yì jiā sīchóu gōngsī.
对不起！	没关系！	这是一家丝绸公司。
Entschuldigung!	Macht nichts!	Das ist eine Seiden-Firma.

5 Hören Sie zu und kreuzen Sie die Silben an, die Sie gehört haben! ◎ 2; 33

☐ chóng ☐ qióng | ☐ cōng ☐ sōng | ☐ shě ☐ rě | ☐ sì ☐ cì

☐ jiān ☐ qián | ☐ zhě ☐ chě | ☐ qué ☐ jué | ☐ xié ☐ xué

☐ jīn ☐ qīn | ☐ chuán ☐ quán

6 Diktat Hören Sie zu und schreiben Sie die Wörter in Pinyin auf! ◎ 2; 34

_____ | _____ | _____ | _____ | _____ | _____

_____ | _____ | _____ | _____ | _____

7 Und jetzt eine kleine Herausforderung! Ein klassischer Zungenbrecher. Probieren Sie einmal aus! ◎ 2; 35

Sì shì sì,	四是四，	Vier ist vier,
Shí shì shí,	十是十，	Zehn ist zehn,
Shísì shì shísì,	十四是十四，	Vierzehn ist vierzehn,
Sìshí shì sìshí.	四十是四十。	Vierzig ist vierzig.

Tipp: *Das Prinzip ist gleich wie im deutschen Satz „mit Wasser waschen".*

D. Der retroflexe Zentralvokal *er*

Unter den Vokalen hatten wir bereits den Zentralvokal [ə] kennen gelernt. Im Chinesischen gibt es jedoch noch einen weiteren Zentralvokal, bei dem der Zungenrücken ähnlich wie bei dem bereits bekannten geformt ist. Völlig anders ist jedoch die Form der Zungenspitze; diese ist ähnlich nach oben gekrümmt wie bei den retroflexen Konsonanten. Wir sprechen daher hier auch vom retroflexen Zentralvokal.

> **→ Pinyin**
>
> Der retroflexe Zentralvokal [ɚ] wird *er* geschrieben. Das *r* signalisiert nur, dass das davor stehende E als retroflexer Zentralvokal zu sprechen ist. Vor *er* steht nie ein Anlaut. Folglich steht das Tonzeichen über dem *e*, z. B.: *ér*.

1 **Hören Sie einige Beispielwörter und sprechen Sie sie nach!** ◎ 2; 36

èr	èryuè	ěrduo	értóng	yòu'éryuán	érqiě	nǚ'ér	érzi
二	二月	耳朵	儿童	幼儿园	而且	女儿	儿子
zwei	Februar	Ohr	Kinder	Kinder-garten	außerdem	Tochter	Sohn

E. Die Erisation

Der bereits bekannte retroflexe Zentralvokal [ɚ] kommt als Einzellaut nur in wenigen Wörtern vor. Häufiger kommt *er* in abgeschwächter Form als Anfügung an alle bisher behandelten Vokale vor. Die wichtigsten Regeln für dieses in der gesprochenen Sprache sehr häufig vorkommende Phänomen, welches als ‚retroflexe Suffigierung‘ oder ‚Erisation‘ (= Hinzufügung von <er>) bezeichnet wird, sind hier knapp zusammengefasst: ◎ 2; 37

1. **Die meisten Vokale werden durch [ɚ] gar nicht oder nur geringfügig geändert, wie z. B.:**

xiǎotù – xiǎotùr	Méicuò! – Méicuòr!	chànggē – chànggēr
小兔　小兔儿	没错！ 没错儿！	唱歌　唱歌儿
Häschen	Richtig!	singen

2. **Das *i* als letztes Element einer Vokalverbindung entfällt vor [ɚ], z. B.:**

gài – gà(i)r	wèi –wè(i)r	ménpái – ménpá(i)r	huī – hu(ī)r
盖　盖儿	味　味儿	门牌　门牌儿	灰　灰儿
Deckel	Geruch	Hausnummernschild	Staub

3. Der Finalnasal *n* wird vor [ɚ] getilgt. Durch diese Regel werden einige gleichlautend mit solchen, welche durch die zweite Regel entstehen, z. B.:

pángbiān – pángbiā(n)r	pán – pá(n)r	fànguǎn – fànguǎ(n)r
旁边　旁边儿	盘　盘儿	饭馆　饭馆儿
neben	Teller	Restaurant

4. Der Finalnasal *ng* entfällt bei Hinzutreten des retroflexen Zentralvokals; der vorangehende Vokal wird nasalisiert. Diese Regel lässt deutlich komplexere Gebilde entstehen, z. B.:

dànhuáng – dànhuá(ng)r	Jièguāng! – Jièguā(ng)r!	Hǎoyàngde! – Hǎoyà(ng)rde!
蛋黄　蛋黄儿	借光！　借光儿！	好样的！　好样儿的！
Eigelb	Gestatten Sie!	Gut gemacht!

5. Die beiden Zungenspitzenvokale werden durch [ɚ] ersetzt, z. B.:

yǒushì – yǒush(ì)r	ròusī – ròus(ī)r	yúzǐ – yúz(ǐ)r
有事　有事儿	肉丝　肉丝儿	鱼子　鱼子儿
eine Angelegenheit haben	Fleischstreifen	Fischeier

In den obigen Beispielwörtern hat sich die Bedeutung der Wörter durch die Erisation nicht verändert. Es gibt jedoch Beispiele, in denen die Wörter durch Erisation eine neue Bedeutung oder eine andere Bedeutungs-färbung (wie z. B. Verniedlichung) erhalten oder die Wortart wechseln.

> **→ Pinyin**
>
> Die in der gesprochenen Sprache wirksamen Veränderungen der retroflexen Suffigierung bleiben im Pinyin unbeachtet. In allen Fällen wird lediglich *r* angefügt.

1 Lesen Sie folgende Beispielwörter hierzu und vergleichen Sie Ihre Aussprache mit dem Audio-Track. 🔴 2; 38

yīdiǎn – yìdiǎ(n)r	tóu – tóur	xìn – xì(n)r	huà – huàr
一点　一点儿	头　头儿	信　信儿	画　画儿
ein Uhr | ein bisschen	Kopf | Chef	Brief | Kurznachricht	malen | das Bild

niǎo – (xiǎo)niǎor	shāyú – (xiǎo)yúr	huā – (xiǎo)huār
鸟　(小)鸟儿	鲨鱼　(小)鱼儿	花　(小)花儿
Vogel | Vögelchen	Hai | Fischchen	Blume | Blümchen

2 Hören Sie nun einige Wortpaare. Schreiben Sie ein *r* am Wortende, wo Sie Erisation festgestellt haben! ◉ 2; 39

shēnghuó___ – gànhuó___ | liáotiān___ – bàntiān___ | huāyuán___ – gōngyuán___

fànguǎn___ – bówùguǎn___ | méishì___ – yǒushì___ | yí kuài___ – yíkuài___

3 Lesen Sie folgende Sätze und hören Sie anschließend die Aufnahme. ◉ 2; 40

Qù nǎr?

去哪儿?

Wohin?

Děng hu(ǐ)r!

等会儿!

Warte einen Moment!

Méi kò(ng)r!

没空儿!

Keine Zeit!

Méi mé(n)r!

没门儿!

Keine Chance!

Huǒchēzhàn nàr yǒu jǐ jiā fànguǎ(n)r.

火车站那儿有几家饭馆儿。

Am Bahnhof gibt es einige Restaurants.

Wǒmen yíkuà(i)r qù gōngyuá(n)r!

我们一块儿去公园儿!

Wir gehen zusammen in den Park!

4 **Diktat** Hören Sie zu und schreiben Sie die Wörter in Pinyin auf! ◉ 2; 41

_____ | _____ | _____ | _____ | _____

_____ | _____ | _____ | _____ | _____

_____ | _____ | _____ | _____ | _____

Zusammenfassung der Konsonanten |
das chinesische Konsonantensystem im Kontrast
zum Deutschen

9 熟能生巧 Shú néng shēng qiǎo
Übung macht den Meister.

A. Zusammenfassung der Konsonanten

Wir haben nun alle 22 Konsonanten des Chinesischen kennen gelernt, wobei alle Konsonanten bis auf der Nasal [ŋ] am Silbenanfang als Anlaut vorkommen können, und der Nasal [n] sowohl am Silbenanfang als auch am Silbenende im Auslaut. Nun wollen wir sie in einer Übersicht zusammenfassen und anschließend in Übungen wiederholen. In der folgenden Tabelle sind die Konsonanten des Chinesischen jeweils mit dem phonetischen Zeichen (in [ ]) und dem Zeichen in **Pinyin** (in kursiv) wiedergegeben.

Artikulationsstelle / Artikulationsweise	labial		apikal		dorsal	
	bilabial	labio-dental	alveolar	retroflex	prä-palatal	velar
Nasale (stimmhaft)	[m] *m*		[n] *n/-n*			[ŋ] *-ng*
Plosive — Lenisplosive	[p] *b*		[t] *d*			[k] *g*
Plosive — Fortisplosive	[pʰ] *p*		[tʰ] *t*			[kʰ] *k*
Frikative — (stimmlos)		[f] *f*	[s] *s*	[ʂ] *sh*	[ɕ] *x*	[x] *h*
Frikative — (stimmhaft)				[ʐ] *r*		
Affrikaten — Lenisaffrikaten			[ts] *z*	[tʂ] *zh*	[tɕ] *j*	
Affrikaten — Fortisaffrikaten			[tsʰ] *c*	[tʂʰ] *ch*	[tɕʰ] *q*	
Lateral (stimmhaft)			[l] *l*			

Tabelle 28

→ Hintergrund

In der Tabelle sind die Konsonanten nach den phonetischen Beschreibungsparametern der Artikulationsstelle (in der Waagerechten) und der Artikulationsweise (in der Senkrechten) zusammengefasst.

Artikulationsstellen:

1. **Lautbildung mit Hilfe der Unterlippe → labiale Artikulation**
1.1 Lautbildung durch die Unterlippe an der Oberlippe → bilabiale Artikulation
1.2 Lautbildung durch die Unterlippe an den Oberzähnen → labiodentale Artikulation
2. **Lautbildung mit Hilfe der Zungenspitze → apikale Artikulation**
2.1 Lautbildung durch die gestreckte Zungenspitze am Zahndamm → alveolare Artikulation
2.2 Lautbildung durch die gekrümmte Zungenspitze → retroflexe Artikulation
3. **Lautbildung mit Hilfe des Zungenrückens → dorsale Artikulation**
3.1 Lautbildung durch Krümmung des Zungenrückens vor den vorderen Gaumen
→ präpalatale Artikulation
3.2 Lautbildung durch Krümmung des Zungenrückens gegen den hinteren Gaumen
→ velare Artikulation

→ **Hintergrund**

Artikulationsweisen:

1. **Verschlussbildung durch einen Artikulator** an einer Artikulationsstelle
   (= Unterbrechung des Luftstroms) im Mundraum
1.1 bei gesenktem Gaumensegel (= Öffnung der Nasalpassage) → **Nasale**
1.2 bei gehobenem Gaumensegel (= Verschluss der Nasalpassage) → **Plosive**
1.2.1 bei starker Spannung (und Aspiration) → Fortisplosive
1.2.2 bei schwacher Spannung (ohne Aspiration) → Lenisplosive
2. **Engebildung durch einen Artikulator** an einer Artikulationsstelle und dadurch
   Erzeugung eines Reibegeräuschs → **Frikative**
3. **Verschluss durch einen Artikulator** an einer Artikulationsstelle (wie bei Plosiven) und
   Übergang in eine **Engebildung nach Lösung des Verschlusses** (wie bei Frikativen)
   → **Affrikaten**
3.1 bei schwacher Spannung → Lenisaffrikaten
3.2 bei starker Spannung → Fortisaffrikaten
4. durch **Ausströmen der Luft zwischen Zungenseite und Mundseite** ohne das Entstehen
   eines Reibegeräuschs → **Lateral**

B. Das chinesische Konsonantensystem im Kontrast zum Deutschen

Die chinesische Aussprache ist gekennzeichnet durch das Fehlen schwieriger Konsonantenverbindungen. Im Gegensatz zum Deutschen, wo es Kombinationen von Konsonanten wie *bl, dr, fl, gn, kr, pfl, schm, sk, str, tr, zw* gibt – um nur einige der Initiale zu nennen – ganz zu schweigen von Finalen, die bis zu 5 Konsonanten umfassen können. Diese Konsonantenkombinationen sind nicht nur für Sprecher des Chinesischen schwer zu lernen, sie sind auch ein Problem bei der Integration deutscher Wörter ins Chinesische. Dies zeigt sich v. a. bei Eigennamen. Sie erhalten bei ihrer Integration meistens eine Silbenstruktur, die der Silbenstruktur des Chinesischen entspricht; gleichzeitig werden deutsche Laute durch ähnliche chinesische Laute substituiert. So erscheint z. B. ‚Pfalz' als *Bùfǎ'ěrcí* 布法尔茨. Aus ‚Frankfurt' wird *Fǎlánkèfú* 法兰克福.

Umgekehrt haben Sprecher des Deutschen auch ihre Schwierigkeiten, denn es gibt im Chinesischen Laute, die im Deutschen nicht vorkommen. Hinzu kommt eine Charakteristik des chinesischen Konsonantensystems, nämlich die Bedeutung der Opposition gespannt ~ ungespannt und das fast völlige Fehlen der Opposition von stimmhaft ~ stimmlos. Diese Eigenart steht im Gegensatz zu den Eigenschaften des deutschen Konsonantensystems (siehe Tabelle 28).

Zwar ist in beiden Sprachen der Fortis-Lenis-Gegensatz bei Plosiven von der Aspirationskorrelation begleitet, im Deutschen aber auch zusätzlich von der Stimmkorrelation, während im Chinesischen alle Plosive stimmlos sind. Dadurch haben Sprecher des Deutschen zunächst einige Schwierigkeiten bei der Artikulation stimmloser Lenisplosive. Sie neigen dann dazu, in einem Wort wie *bīng* ‚Soldat' den stimmlosen nicht-aspirierten Plosiv [p] entweder nicht-aspiriert und stimmhaft, also wie [biŋ], oder stimmlos und aspiriert, also wie [pʰiŋ] auszusprechen.

1 Unterscheiden Sie Fortis- und Lenisplosive, während Sie die folgenden Sätze hören! Füllen Sie die Lücken mit den in Klammern vorgegebenen Wörtern und lesen Sie die Sätze anschließend laut! ◉ 2; 42

Jīntiān _____ tài rè. (diānqì, tiānqi)

Bú pà _____ bù hǎo, jiù pà _____ bù hǎo. (gǎo, kǎo)

Tā zhè ge rén bú _____, jiùshì zuǐ tài _____. (guài, kuài).

Dōngtiān _____ hěn lěng. (pěifāng, běifāng)

2 Hier nun einige zusätzliche Beispiele. Lesen Sie sie zunächst laut und vergleichen Sie dann Ihre Aussprache mit dem Audio-Track. ◉ 2; 43

bízi – pízi	biànzi – piànzi	dǎnzi – tǎnzi	dú shū – túshū	kèrén – gèrén
鼻子 皮子	辫子 骗子	掸子 毯子	读书 图书	客人 个人
Nase | Leder	Zopf | Betrüger	Staubwischer | Teppich	lesen | Bücher	Gast | Individuum

3 Lesen Sie die folgenden mehrsilbigen Wörter sowie Sätze laut und vergleichen Sie dann Ihre Aussprache mit dem Audio-Track. ◉ 2; 44

pútaotáng	kāi fāpiào	guǎnggàopái	dǎndà bāotiān
葡萄糖	开发票	广告牌	胆大包天
Traubenzucker	Quittung schreiben	Werbeplakat	übermütig

Bú yào guāng kàn bú gàn.

不要光看不干。

Nicht nur zugucken und nicht mitmachen.

Diànpù gāng kāi, duì gùkè hěn kāngkǎi.

店铺刚开，对顾客很慷慨。

Der Laden ist neu eröffnet und ist sehr großzügig zu den Kunden.

Gěi dàibiǎotuán Duàn tuánzhǎng kāi fāpiào.

给代表团段团长开发票。

Schreib eine Quittung für den Delegationsleiter Herrn Duan.

4 Ein klassischer Zungenbrecher. Probieren Sie einmal aus! ⊙ 2; 45

Chī pútao bù tǔ pútaopír,

吃葡萄不吐葡萄皮儿，

Wer Weintrauben isst,
spuckt die Schale nicht aus;

bù chī pútao dào tǔ pútaopír.

不吃葡萄倒吐葡萄皮儿。

wer keine Weintrauben isst,
spuckt jedoch die Schale aus.

Noch schwieriger ist für Sprecher des Deutschen die Unterscheidung zwischen Fortis- und Lenis-affrikaten, da die im Deutschen vorkommenden Affrikaten *pf*, *z/tz* und *tsch* keine Korrelate in Bezug auf Spannung oder Stimmbeteiligung haben.

5 Lesen Sie folgende Wörter und unterscheiden Sie zwischen *z* und *c* sowie *zh* und *ch*. Vergleichen Sie dann Ihre Aussprache mit dem Audio-Track. ⊙ 2; 46

cā – chā – sā │ chāo – cāo – zhāo │ cān – shān – chān │ shài – sài – zài – cài │ zuān – cuān – suān │

sè – zè – cè – chè │ sēn – zěn – shěn – zhěn │ zēng – cēng – sēng │ chuī – zuì – cuì │ zū – cū – sū │

zūn – chūn – sūn – cūn │ chuān – shuān – zhuān │ sōu – zhōu – chōu │ cuō – suō – zuō

6 Hören Sie nun zu und füllen Sie die Lücken mit den in den Klammern vorgegebenen Wörtern. Lesen Sie anschließend die Sätze laut! ⊙ 2; 47

Gōngxǐ _____ ! (fāzái, fācái)

Wǒ yào kāi _____ liàng _____ . (chē, zhè)

Qǐng jízhōng _____ ! (chùyìlì, zhùyìlì)

Qǐng gěi wǒ _____ piào! (jī zhāng, qī chāng, qī zhāng)

Yù dào kùnnan bú yào _____ (qí, jí).

Zuòyè dōu jiāo _____ (jí, qí) le.

7 Hören Sie zu und kreuzen Sie die Wörter an, die Sie gehört haben. 🎯 2; 48

☐ zhànchéng   ☐ zànchéng | ☐ zhēn zāng   ☐ zhēncáng

☐ jiěfàng   ☐ qiě fàng | ☐ cūnzhǎng   ☐ zūnzhǎng

Eine weitere Schwierigkeit des chinesischen Konsonantensystems liegt für Deutsche in der Differenzierung von alveolaren, retroflexen und präpalatalen Frikativen und Affrikaten. Während alveolare Frikative und Affrikaten auch im Deutschen vorkommen und daher nur in Bezug auf die Artikulationsweise Schwierigkeiten bereiten, sind die retroflexen und präpalatalen Affrikaten und Frikative auch von der Artikulationsstelle her für Deutsche schwierig. Sprecher des Deutschen tendieren daher zur Substitution der retroflexen Konsonanten durch die im Deutschen bekannten postalveolaren (also durch *sch*) und zur Substitution der präpalatalen Konsonanten durch die im Deutschen geläufigen palatalen (also durch *ch*): so wird *xin* [ɕin] ‚Herz' von Deutschen oft *[çin] ausgesprochen und *cha* [tʂʰa] ‚Tee' wird *[tʃa] ausgesprochen.

Aber da *j, q, x* im Chinesischen nur vor den Vokalen *i* und *ü*, aber nie vor *a, o, e, u* vorkommen, während es bei *zh, ch, sh* und *z, c, s* genau umgekehrt ist, stehen die beiden Lautgruppen in komplementärer Distribution. Mit diesem Wissen lassen sich die beiden leicht zu verwechselnden Lautgruppen (*zh, ch, sh* und *j, q, x*) sicher auseinander halten. Schwierig bleibt es aber, die Kontrastpaare *ji ~ zhi*, *qi ~ chi* und *xi ~ shi* zu unterscheiden. Hören Sie zu! 🎯 2; 49

ji – zhi | qi – chi | xi – shi

Yí ge rén chī yì zhī jī, qīshí ge rén chī qīshí zhī jī.

一个人吃一只鸡，七十个人吃七十只鸡。

Eine Person isst ein Huhn, siebzig Leute essen siebzig Hühner.

8 Hören Sie folgende Wortpaare und kreuzen Sie das Wort an, das Sie gehört haben! Lesen Sie anschließend die Wörter laut! 🎯 2; 50

☐ jīqì   ☐ zhìqì | ☐ xīfàn   ☐ shīfàn | ☐ zájì   ☐ zázhì

☐ dàshǐ   ☐ dàxì | ☐ báichī   ☐ báiqī | ☐ chídào   ☐ qǐdǎo

9 Lesen Sie folgende Wörter und unterscheiden Sie *z ~ zh*, *c ~ ch* und *s ~ sh*. Vergleichen Sie dann Ihre Aussprache mit dem Audio-Track. ⊙ 2; 51

z – zh

zǔzhī – zhùzhǐ
组织 住址
Organisation | Adresse

zào xiàng – zhào xiàng
造像 照相
portraitieren |
fotografieren

zāi huā – zhāi huā
栽花 摘花
Blumen anpflanzen |
Blumen pflücken

zànzhù – zhàn zhù
赞助 站住
spendieren | anhalten

c – ch

cèliáng – chēliàng
测量 车辆
vermessen | Fahrzeug

cūcāo – chū cāo
粗糙 出操
grob | zum
Exerzieren gehen

cūnzhuāng – chūnzhuāng
村庄 春装
Dorf | Frühlingskleidung

cā shǒu – chā shǒu
擦手 插手
Hände abwischen |
einmischen

s – sh

sì shí – shìshí
四时 事实
die vier Jahreszeiten | Tatsache

sēnlín – shēnlín
森林 深林
Wald | tiefer Wald

xiāngsì – xiāngshí
相似 相识
sich ähneln | sich kennen

sānshísān
三十三
dreiunddreißig

sān zuò shān
三座山
drei Berge

sānshísān zuò shān
三十三座山
dreiunddreißig
Berge

shàng sānshísān zuò shān
上三十三座山
auf die dreiunddreißig
Berge klettern

z, c, s – zh, ch, sh

zàochuánchǎng
造船厂
Schiffswerft

zìdòng cízhí
自动辞职
freiwillig kündigen

qìxiàngzhàn
气象站
Wetterstation

xīchénqì
吸尘器
Staubsauger

xúnshòuchǎng
驯兽场
Zwinger

10 Hören Sie zu und füllen Sie die Lücken mit den in den Klammern vorgegebenen Wörtern. Lesen Sie anschließend die Sätze laut! ◎ 2; 52

Zhèli dàochù dōu shì _____ . (sānchéng, shānchéng)

Yào kàndào biérén de _____ . (chángzhù, chángchù)

Tā bèi pàidào Liánhéguó _____ . (chángzhù, chángchù)

Chūmén yào xiǎoxīn, bié _____ . (cūshì, chūshì)

Zhè shuāng xié shì Zhōngguó _____ . (zìzào, zhìzào)

11 Lesen Sie folgende Sätze und vergleichen Sie dann Ihre Aussprache mit dem Audio-Track. ◎ 2; 53

Yì nián sì jì, chūn, xià, qiū, dōng.

一年四季，春夏秋冬。

Ein Jahr hat vier Jahreszeiten, Frühling, Sommer, Herbst und Winter.

Zǎochén zǎo qǐ zuò zǎocāo.

早晨早起做早操。

Steh morgens früh auf und mache Gymnastik.

Zhī zhī wéi zhī zhī, bù zhī wéi bù zhī, shì zhī yě. (Kǒngzǐ "Lúnyǔ")

知之为知之，不知为不知，是知也。（孔子《论语》）

Was man weiß, als Wissen gelten zu lassen; was man nicht weiß, als Nichtwissen gelten zu lassen. Das ist Wissen. (Konfuzius „Gespräche")

12 Hören Sie folgenden Reim. Lesen Sie ihn dann laut! ◎ 2; 54

Qī jiā yī, qī jiǎn yī,　　jiā wán jiǎn wán děngyú jǐ?

七加一，七减一，　　加完减完等于几？

Sieben plus eins, sieben minus eins, Was ergibt es nach dem Plus und Minus?

Qī jiā yī, qī jiǎn yī,　　jiā wán jiǎn wán hái shì qī.

七加一，七减一，　　加完减完还是七。

Sieben plus eins, sieben minus eins, Nach dem Plus und Minus bleibt es bei sieben.

10 学以致用 Xué yǐ zhì yòng
Anwendung ist des Lernens Zweck.

A. Zusammenfassung der Vokale

Wir haben nun alle Vokale (Einzelvokale und Vokalkombinationen) des Chinesischen kennen gelernt. Wir wollen sie nun in einer Übersicht zusammenfassen und anschließend in Übungen wiederholen. In der folgenden Tabelle sind die Vokale des Chinesischen jeweils mit dem phonetischen Zeichen (in [ ]) und dem Zeichen in **Pinyin** (in kursiv) wiedergegeben.

Zungenhöhe \ Zungenlage	Vorderzungen- vokale	Mittelzungen- vokale	Hinterzungen- vokale
Hohe Vokale (geschlossene Vokale)	[i], [ɪ] *i* [y] *ü, u*	[ɿ] *i* [ʅ] *i*	[u] *u* [ʊ] *o*
Mittlere Vokale	[e] *e* [ɛ] *e*	[ə] *e* [ɚ] *er*	[o] *o* [ɤ] *e*
Tiefe Vokale (offene Vokale)	[æ] *a* [a] *a*	[ɐ] *a*	[ɑ] *a*

Tabelle 29   **rot** = gerundete Vokale   **grau** = ungerundete Vokale   **schwarz** = retroflexe Vokale

→ **Hintergrund**

Die Vokalqualität lässt sich auf der Grundlage der Artikulation nach ihrer Zungenhöhe (hoch ~ tief) und der Zungenlage (vorn ~ hinten) wie in der Tabelle dargestellt zusammenfassen.
Als weiteres Merkmal tritt die Lippenrundung hinzu. Mit der Zungenhöhe korreliert die Mundöffnung: Hohe Vokale sind geschlossen, tiefe Vokale offen.

Einige dieser Vokalqualitäten kommen nur in Kombination mit anderen Vokalen oder nur in bestimmten lautlichen Kontexten vor. Eine Übersicht bietet die Tabelle der Laut-Schrift-Beziehungen im Anhang.

1 **Können Sie die Unterschiede in der Aussprache der Vokale *a, e, i, o* in folgenden Sätzen erkennen? Lesen Sie die Sätze laut und vergleichen Sie dann Ihre Aussprache mit dem Audio-Track.** ◉ 2; 55

a

Liàn hǎo hànyǔ yào xiān zhǎngwò yuányīn.

练好汉语要先掌握元音。

Wenn man Chinesisch übt, muss man zuerst die Vokale beherrschen.

e

Gēge jiē shéi de kèrén?

哥哥接谁的客人？

Wessen Gast holt der ältere Bruder ab?

i

Dìdi xiǎng xiān xiě zì, xià qí, yǐhòu zài xiūxi, chī fàn.

弟弟想先写字、下棋，以后再休息、吃饭。

Der jüngere Bruder möchte zuerst Schriftzeichen üben, Schach spielen und sich erst danach ausruhen und essen.

o

Wǒ de xiǎo gǒu sòng xióngmāo guò qiáo.

我的小狗送熊猫过桥。

Mein kleiner Hund begleitet den Panda über die Brücke.

B. Vokalnasalierung

Die Nasalierung von Vokalen ist im Chinesischen nicht bedeutungsunterscheidend. Sie kommt aber häufig vor, wenn eine Silbe auf den velaren Nasal endet und ihr der retroflexe Zentralvokal angefügt wird. Dies gilt insbesondere für nicht-akzentuierte Silben und bei schnellem Sprechtempo. In diesen Fällen wird der Nasalkonsonant in der Regel nicht artikuliert, vielmehr wird der Vokal nasal ausgesprochen.

→ **Hintergrund**

Bei der Vokalnasalierung entweicht die Luft bei gesenktem Gaumensegel durch Mund und Nase gleichzeitig, wobei sich an der Artikulation der Vokale (Zungenhöhe, Zungenlage, Lippenform) nichts ändert.

1 **Lesen Sie folgende Sätze und vergleichen Sie Ihre Aussprache mit dem Audio-Track.** ◎ 2; 56

Tiān'ānmén guǎngchǎng wèi yú Dōngxī Cháng'ānjiē.

天安门广场位于东西长安街。

Der Platz des Himmlischen Friedens befindet sich an der Chang'an-Straße.

Shàngwǔ liàng de yīfu gānggāng gān.

上午晾的衣服刚刚干。

Die Wäsche von heute Vormittag ist gerade trocken geworden.

Wǎnshang bié wàng le guān chuānghu.

晚上别忘了关窗户。

Vergiss nicht, am Abend die Fenster zuzumachen.

Lǐ Níng hé Lǐ Lín tóng xìng, tāmen jīngcháng tōng xìn.

李宁和李林同姓，他们经常通信。

Li Ning und Li Lin haben den gleichen Familiennamen und sie korrespondieren oft miteinander.

C. Vokalkombination

Neben den sechs Monophthongen kommen im Chinesischen mehrere Diphthonge und vier Triphthonge vor. Diphthonge und Triphthonge sind Gleit- oder Bewegungsvokale. Hier nimmt die Zunge keine statische Stellung ein wie bei Monophthongen, sondern gleitet von einer Position zu einer anderen, bei Diphthongen direkt und bei Triphthongen über eine dritte Position. Die Bewegung der Zunge ist im Vokalviereck (Abb. 14 und 15) durch Pfeile dargestellt. Jeder Pfeil bezeichnet die Bewegungsrichtung von der Ausgangsposition bis zur Endposition.

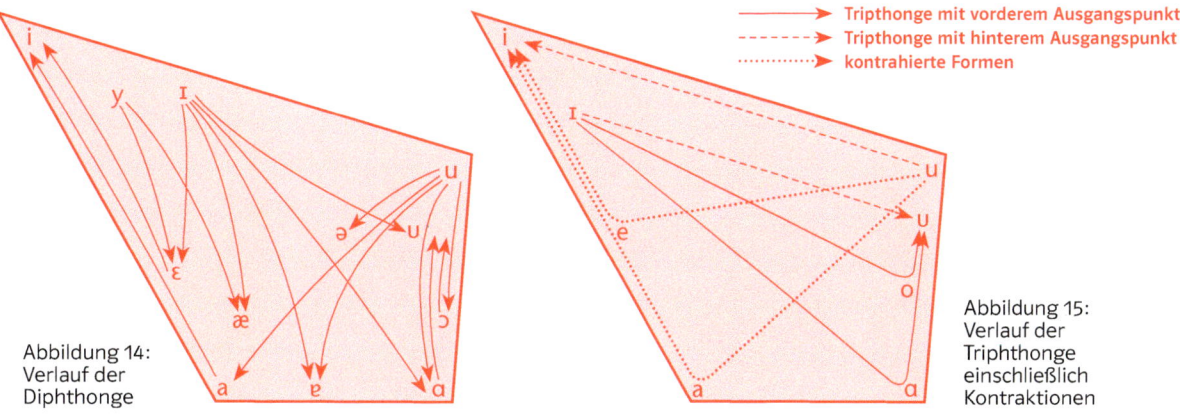

→ Triphthonge mit vorderem Ausgangspunkt
--→ Triphthonge mit hinterem Ausgangspunkt
····→ kontrahierte Formen

Abbildung 14:
Verlauf der
Diphthonge

Abbildung 15:
Verlauf der
Triphthonge
einschließlich
Kontraktionen

D. Vokalische Kontraktion

Diphthonge und Triphthonge können auch kontrahiert werden. Dies ist der Fall bei dem Diphthong *uo*, der nach den labialen Konsonanten *b*, *p*, *m* und *f* monophthongisch als *o* ausgesprochen wird, und bei den Triphthongen *iou*, *uei* und *uen*, die dann diphthongisch als *iu*, *ui* bzw. *un* ausgesprochen werden.

1 **Lesen Sie folgende Silben laut! Probieren Sie zuerst langsam, dann so schnell wie möglich!** 2; 57

bai-bei-bi-bie | kao-kou-gou-guo | shao-shou-shuo-shua | lou-liu-luo-lao | you-yu-yao-ye

jie-jia-jiu-ju-jue | qie-qia-qiu-qu-que | du-duo-dou-dui-diu | qun-jun-juan-quan-chuan

2 **Lesen Sie die Sätze laut und vergleichen Sie dann Ihre Aussprache mit dem Audio-Track.** ⊙ 2; 58

Suǒyǒu wǒ suǒ shuō de,	所有我所说的，	Alles, was ich gesagt habe,
suǒyǒu wǒ suǒ zuò de,	所有我所做的，	alles, was ich getan habe,
dōu shuō guò le,	都说过了，	wurde alles schon gesagt,
dōu zuò cuò le.	都做错了。	wurde alles falsch gemacht.

Fàn hòu bǎi bù zǒu, huó dào jiǔshíjiǔ.

饭后百步走，活到九十九。

Hundert Schritte nach dem Essen führen zu einem langen Leben.

E. Zusammenfassung der Töne

Bisher haben wir die Töne im Wesentlichen durch die Veränderung der Tonhöhe charakterisiert. Wir haben auch darauf hingewiesen, dass auch die Silbendauer durch den Ton beeinflusst wird. Darüber hinaus unterscheiden sich die Töne auch durch die Veränderung ihrer Intensität voneinander. Tonhöhe, Dauer und Intensität sind zusammenfassend in Abb. 16 dargestellt.

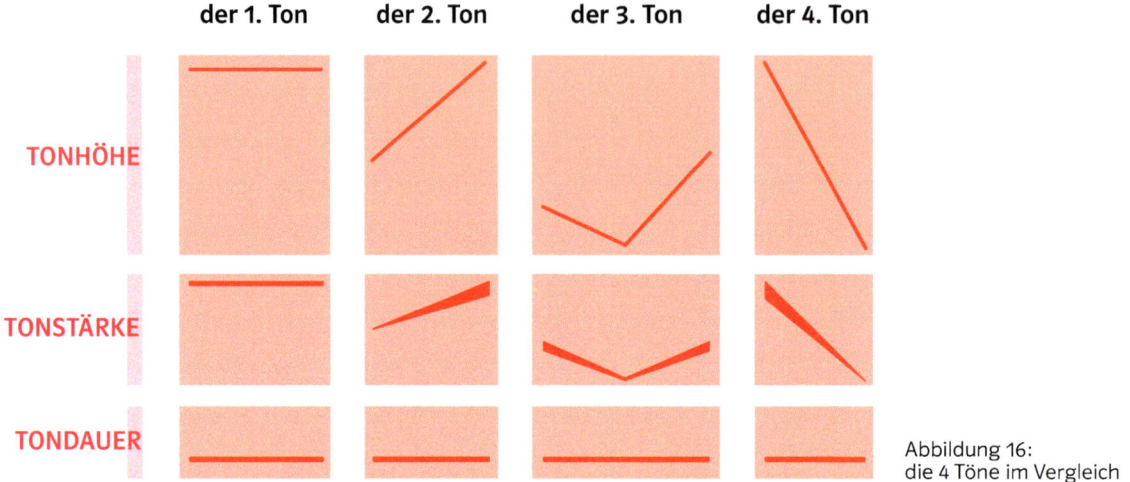

Abbildung 16:
die 4 Töne im Vergleich

Im Hinblick auf den Tonhöhenverlauf und die relative Tonhöhe innerhalb des Stimmspektrums haben wir die vier Töne des Chinesischen als hoch (den 1. Ton), steigend (den 2. Ton), tief (den 3. Ton) und fallend (den 4. Ton) bezeichnet. Hier eine Zusammenfassung der Merkmale dieser vier Töne und des Neutraltons:

1. Tonhöhenbewegung

Würde man das Stimmspektrum eines Sprechers in vier gleiche Intervalle gliedern und die Grenze zwischen diesen Intervallen mit den Zahlen eins bis fünf bezeichnen (s. Abb. 17), so könnten die Tonhöhenverläufe wie folgt angegeben werden:

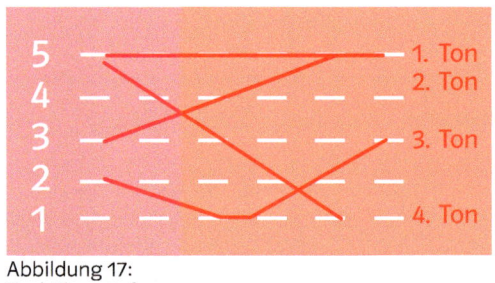

Abbildung 17:
Tonhöhenstufen

Der 1. Ton hat einen fast ebenen Tonhöhenverlauf an der oberen Grenze des natürlichen Stimmbereichs des Sprechers (Verlauf: 5 — 5).

Der 2. Ton hat einen ansteigenden Tonhöhenverlauf von der Mitte der natürlichen Stimmlage des Sprechers ausgehend bis auf die Ebene des ersten Tons (Verlauf: 3 — 5).

Der 3. Ton macht eine fallend-steigende Bewegung; die Tonhöhe fällt während der ersten Hälfte der Dauer von einer tiefen Stimmlage in die tiefste ab und steigt während der zweiten Hälfte der Dauer zur mittleren auf. Damit bewegt sich der Ton insgesamt in der unteren Hälfte des Stimmbereichs (Verlauf: 2 — 1 — 3).

Der 4. Ton setzt an der oberen Grenze des Stimmbereichs an und fällt dann stark bis auf die untere Grenze des Stimmbereichs ab (Verlauf: 5 — 1).

Der Neutralton hat eine durch den vorangehenden Ton bestimmte Tonhöhe:
nach dem 1. Ton: Höhe 2, nach dem 2. Ton: Höhe 3,
nach dem 3. Ton: Höhe 4 und nach dem 4. Ton: Höhe 1.
In musikalischer Notationsweise sähe dies aus wie in Abb. 18 dargestellt.

Abbildung 18:
Melodieverlauf der vier Töne in musikalischer Notation

2. Tondauer

Die Tondauer ist hier im Verhältnis zum ersten Ton ausgedrückt.
der 1. Ton: mittlere Tondauer;
der 2. Ton: etwa 10% kürzer;
der 3. Ton: etwa 15-20% längere Tondauer (längster Ton);
der 4. Ton: etwa 20-25% kürzere Tondauer (kürzester Vollton);
der Neutralton: sehr kurz (weniger als 50% der Dauer des ersten Tons).

3. Intensität

Größere oder geringere Intensität führt zu einer größeren bzw. geringeren Lautstärke im Verlauf der jeweiligen Silbe.
der 1. Ton: Die Intensität ist gleich bleibend stark.
der 2. Ton: Die Intensität nimmt im Verlauf der Silbe zu.
der 3. Ton: Die Intensität ist am Anfang am stärksten, fällt im Verlauf der Silbe ab und steigt am Schluss wieder schwach an.
der 4. Ton: Die Intensität fällt stark ab.
der Neutralton: Es gibt nur eine äußerst geringe Intensität.

→ **Hintergrund**

Dass die Töne des Chinesischen sich nicht nur durch die Tonhöhenbewegung voneinander unterscheiden, sondern dass Quantität und Intensität gleichermaßen als Signale für das Verstehen und das Unterscheiden der Töne wirksam sind, ist für den Verstehensprozess bedeutsam und auch daran zu ermessen, dass man auch dann noch Töne voneinander unterscheiden kann, wenn überhaupt keine Tonhöhenbewegung hörbar ist, wie z. B. in der Flüstersprache, die ja dadurch gekennzeichnet ist, dass keine Stimmbeteiligung beim Sprechen vorhanden ist. Eine Stimmbeteiligung ist aber unabdingbar erforderlich, um Tonhöhen und Tonhöhenbewegung zum Ausdruck zu bringen. In der Flüstersprache ist die Stimmritze jedoch so weit geöffnet, dass die Stimmbänder nicht gespannt werden können und folglich kein Stimmton erzeugt werden kann. Aus diesem Grund ist eine Differenzierung über die Tonhöhe nicht möglich.

Übungen zu Tönen mit den Zahlen

1 Hören Sie zunächst die Zahlen 1–10 und finden Sie den Rhythmus heraus. Anschließend zählen Sie selbst so oft, bis Sie es fließend können. ◎ 2; 59

Zahlen von 1 bis 10

yī	èr	sān	sì	wǔ	liù	qī	bā	jiǔ	shí
一,	二,	三,	四,	五,	六,	七,	八,	九,	十

Tipp: *Achten Sie auf den Tonverlauf: Bei den Zahlen 1 bis 6 alterniert der 1. bzw. der 3. Ton mit dem 4. Ton. Darauf folgt zweimal der 1. Ton und es endet mit einem steigenden 2. Ton.*

2 Nachdem Sie den Rhythmus beim aufwärts Zählen eingeübt haben, versuchen Sie nun rückwärts von 10 bis 1 zu zählen und danach die ungeraden Zahlen und die geraden Zahlen hintereinander zu zählen. ◎ 2; 60

shí	jiǔ	bā	qī	liù	wǔ	sì	sān	èr	yī
十,	九,	八,	七,	六,	五,	四,	三,	二,	一

yī	sān	wǔ	qī	jiǔ	èr	sì	liù	bā	shí
一,	三,	五,	七,	九,	二,	四,	六,	八,	十

3 Nun zählen Sie von 11 bis 20, wobei Sie darauf achten sollten, dass die Zehner unverändert im 2. Ton ausgesprochen werden, während die Töne bei den Einern variieren. ◎ 2; 61

Zahlen von 11 bis 20

shíyī	shí'èr	shísān	shísì	shíwǔ	shíliù	shíqī	shíbā	shíjiǔ	èrshí
十一,	十二,	十三,	十四,	十五,	十六,	十七,	十八,	十九,	二十

4 Zählen Sie jetzt die Zehnerzahlen. Nun bleiben die Töne bei *shí*, bis auf *bǎi* 'einhundert', unverändert steigend, und die Töne bei den Zehnern ändern sich. ◎ 2; 62

Zehnerzahlen von 20 bis 100

èrshí	sānshí	sìshí	wǔshí	liùshí	qīshí	bāshí	jiǔshí	yì bǎi
二十,	三十,	四十,	五十,	六十,	七十,	八十,	九十,	一百

5 Nun üben wir die 7 Wochentage. Hören Sie zunächst zu und achten Sie auf den Tonhöhenverlauf! Dann sprechen Sie die Tagesnamen nach! ◎ 2; 63

xīngqīyī	星期一	Montag		xīngqīwǔ	星期五	Freitag
xīngqī'èr	星期二	Dienstag		xīngqīliù	星期六	Samstag
xīngqīsān	星期三	Mittwoch		xīngqītiān	星期天	Sonntag
xīngqīsì	星期四	Donnerstag				

6 Jetzt kombinieren wir die Wochentage mit kurzen Sätzen. Hören Sie zuerst zu und lesen Sie dann nach! ◎ 2; 64

Wǒ xīngqīyī shàng kè,
    xīngqī'èr bú shàng kè,
    xīngqīsān shàng kè,
    xīngqīsì bú shàng kè,
    xīngqīwǔ shàng kè,
    xīngqīliù bú shàng kè,
    xīngqītiān yě bú shàng kè.

Ich habe am Montag Unterricht,
am Dienstag keinen,
habe am Mittwoch Unterricht,
am Donnerstag keinen,
habe am Freitag Unterricht,
am Samstag keinen,
habe am Sonntag auch keinen Unterricht.

Wǒ xīngqīyī shàng zhōngwén kè,
    xīngqī'èr shàng yīngwén kè,
    xīngqīsān shàng fǎwén kè,
    xīngqīsì shàng déwén kè,
    xīngqīwǔ shàng éwén kè,
    xīngqīliù shàng rìwén kè,
    xīngqītiān xiūxi.

Ich habe am Montag Chinesischunterricht,
habe am Dienstag Englischunterricht,
habe am Mittwoch Französischunterricht,
habe am Donnerstag Deutschunterricht,
habe am Freitag Russischunterricht,
habe am Samstag Japanischunterricht,
am Sonntag ruhe ich mich aus.

Wǒ xīngqīyī xǐ yīfu,
    xīngqī'èr mǎi dōngxi,
    xīngqīsān kàn diànshì,
    xīngqīsì kān háizi,
    xīngqīwǔ qù tiào wǔ,
    xīngqīliù tī zúqiú,
    xīngqītiān shuì dà jiào.

Ich wasche am Montag die Wäsche,
kaufe am Dienstag ein,
sehe am Mittwoch fern,
passe am Donnerstag auf die Kinder auf,
gehe am Freitag tanzen,
spiele am Samstag Fußball,
am Sonntag schlafe ich ganz lange.

7 Abschließend lernen wir einen Reim mit Zahlen. Hören Sie zuerst zu und lesen Sie danach! ◎ 2; 65

Yí wàng èr sān lǐ,	一望二三里，	Ein Blick zwei, drei Meilen weit,
yān cūn sì wǔ jiā.	烟村四五家。	Rauch im Dorf vier, fünf Häuser.
Tíng tái liù qī zuò,	亭台六七座，	Sechs, sieben Pavillons und Terrassen,
bā jiǔ shí zhī huā.	八九十枝花。	acht, neun, zehn Blumenzweig'.

tonale Veränderungen bei den 4 Tönen: Tonsandhi
tonale Veränderungen bei der Negation **bù** und dem
Zahlwort **yī** | Akzentuierung: Wort- und Satzakzent
tonale Veränderungen unter Einfluss des Akzents

11 精益求精 Jīng yì qiú jīng
Auch das Gute kann noch besser werden.

A. Tonale Veränderungen bei den 4 Tönen: Tonsandhi

In allen Sprachen unterliegen die phonetischen Merkmale eines Einzelwortes gewissen Veränderungen
sobald es im Kontext auftritt. Das gilt auch für das Chinesische und hier insbesondere für die Töne. Aus
diesem Grunde sind tonale Veränderungen in der Rede besonders zu beachten. Eine der Schwierig-
keiten des Chinesischen liegt im richtigen Hören und in der richtigen Erzeugung der Töne. Damit aber
nicht genug: Die Töne einer Silbe können im Kontext ihre Gestalt verändern. Diese Erscheinung, in der
sich die Tonhöhenbewegung regelmäßig in Abhängigkeit von einem Folgeton verändert, fassen wir
unter dem Begriff **Tonsandhi** zusammen.

Am deutlichsten ist dieses Phänomen beim dritten Ton. Wie wir bereits wissen, wird die erste Silbe als
steigender Ton ausgesprochen, wenn zwei Silben mit dem dritten Ton aufeinanderfolgen. Aber auch
vor Silben mit anderen Tönen unterliegt der tiefe Ton einer Änderung des Tonhöhenverlaufs. Hören Sie
dazu folgende Beispiele, die mit Tonsandhi gelesen wird. 🔴 2; 66

hěn gāo, hěn píng, hěn dà | Lǎo Zhāng, Lǎo Wáng, Lǎo Mèng | zǎoshang, jiějie

Wie Sie sicher gemerkt haben, steigt der dritte Ton im zweiten Teil seiner Dauer nicht mehr an, wenn
nach dem tiefen Ton der hohe, der fallende oder der Neutralton folgt, sofern er nicht deutlich durch
eine Sprechpause abgesetzt ist. Vielmehr verbleibt er auf der tiefen Tonlage.

Wir nennen diesen Ton daher auch den **reduzierten tiefen Ton** (s. Abb. 19). Der reduzierte tiefe Ton bewirkt vor Silben mit dem Neutralton, dass die Tonhöhe des Neutraltons im oberen Drittel des Sprechspektrums liegt, während der 1. und der 2. Ton in ihrer Tonhöhe unverändert bleiben (s. Abb. 20 und 21).

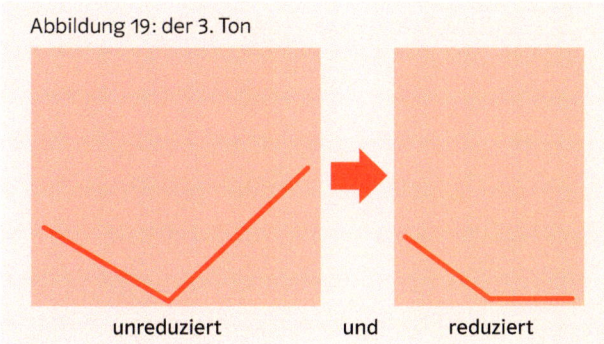

Abbildung 19: der 3. Ton

unreduziert   und   reduziert

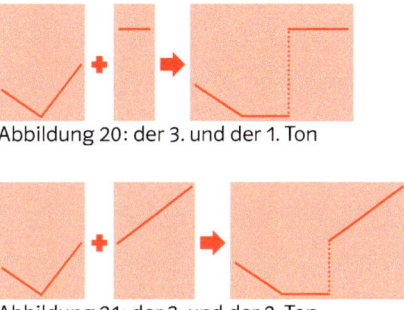

Abbildung 20: der 3. und der 1. Ton

Abbildung 21: der 3. und der 2. Ton

1 | **Lesen Sie folgende Beispielwörter mit dem 3. Ton laut und vergleichen Sie Ihre Aussprache dann mit dem Audio-Track.** ⊙ 2; 67

3. + 1. Ton:	shǒujī	tǒngyī	wǎncān	lǎoshī	Shǎnxī	Běijīng
	手机	统一	晚餐	老师	陕西	北京
	Handy	Einigung	Abendessen	Lehrer	Shaanxi (Provinz)	Peking

3. + 2. Ton:	lǚyóu	wǎngqiú	yǔyán	zǎochén	Měiguó	
	旅游	网球	语言	早晨	美国	
	reisen	Tennis	Sprache	Morgen	USA	

3. + 3. Ton:	guǎnlǐ	yǔsǎn	xuǎnjǔ	yǒuhǎo		
	管理	雨伞	选举	友好		
	verwalten	Regenschirm	Wahl	freundlich		

3. + 4. Ton:	tǔdòu	wǔshù	kǎoshì	yǎnjìng		
	土豆	武术	考试	眼镜		
	Kartoffel	Kampfkunst	Prüfung	Brille		

Folgen innerhalb eines Wortes zwei oder mehr Silben mit dem dritten Ton hintereinander, so wird der dritte Ton in allen Silben mit Ausnahme der letzten zu einem zweiten Ton (s. Abb. 22).

Bei mehreren aufeinander folgenden Silben mit dem dritten Ton werden die Silben in der Regel alternierend im zweiten und dritten Ton gesprochen.

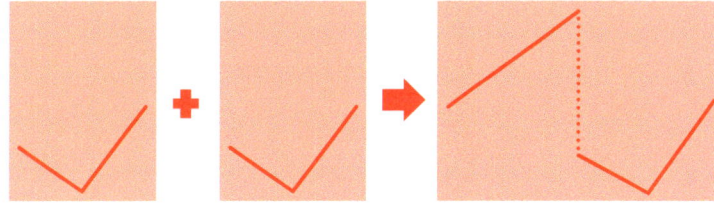

Abbildung 22: Tonsandhi mit dem 3. Ton

Hören Sie hierzu einige Beispiele. ⊙ 2; 68

zŏnglĭfŭ (gesprochen: zónglífŭ)

总理府

Kanzleramt

bǎoxiǎnfǎ (gesprochen: báoxiánfǎ)

保险法

Versicherungsgesetz

Wŏ hěn xiǎng nǐ!
(gesprochen: Wó hěn xiáng nǐ!)

我很想你！

Ich vermisse dich sehr!

Wŏ yě hěn xiǎng nǐ!
(gesprochen: Wŏ yé hěn xiáng nǐ!)

我也很想你！

Ich vermisse dich auch sehr!

Nǎli kěyǐ mǎi hǎo jiǔ? (gesprochen: Náli kéyí mǎi háo jiǔ?)

哪里可以买好酒？

Wo kann man guten Wein kaufen?

Auch andere Töne unterliegen ähnlichen Tonveränderungen. Folgen beispielsweise zwei Silben mit fallendem Ton aufeinander, so ändert sich der Ton der ersten Silbe von einem stark fallenden zu einem schwach fallenden Ton (s. Abb. 23). Dies bedeutet, dass die erste Silbe nur halb so tief fällt, wie sonst bei einem fallenden Ton.

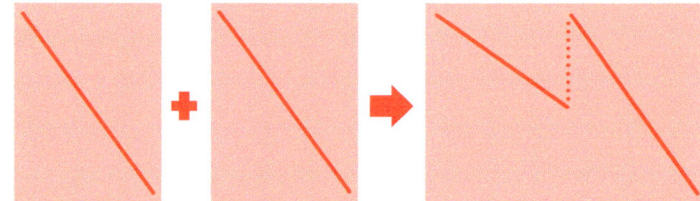

Abbildung 23: Tonsandhi mit dem 4. Ton.

2 Lesen Sie die folgenden Beispielwörter mit dem 4. Ton laut und vergleichen Sie dann Ihre Aussprache mit dem Audio-Track. ⊙ 2; 69

4. + 1. Ton:	qìchē	miànbāo	wèixīng	Gùgōng	
	汽车	面包	卫星	故宫	
	Auto	Brot	Satellit	Kaiserpalast	
4. + 2. Ton:	shùxué	yuèqiú	dàxué	qìyóu	wàiguó
	数学	月球	大学	汽油	外国
	Mathematik	Mond	Universität	Benzin	Ausland
4. + 3. Ton:	cèsuǒ	fànguǎn	wàiyǔ	dìzhǐ	Shànghǎi
	厕所	饭馆	外语	地址	上海
	Toilette	Restaurant	Fremdsprache	Adresse	Shanghai
4. + 4. Ton:	diànhuà	shàng kè	jièshào	zhìzào	
	电话	上课	介绍	制造	
	Telefon	Unterricht haben	vorstellen	produzieren	

3 Lesen Sie die folgenden zweisilbigen Wörter mit verschiedenen Varianten der Tonfolge laut und vergleichen Sie dann Ihre Aussprache mit dem Audio-Track. ◉ 2; 70

1. + 1. Ton:

yīshēng	fēijī	Xī'ān	Shāndōng
医生	飞机	西安	山东
Arzt	Flugzeug	Xi'an (Stadt)	Shandong (Provinz)

1. + 2. Ton:

xīfú	qīngnián	zhīchí	Bālí	Yīngguó
西服	青年	支持	巴黎	英国
Anzug	Jugendlicher	unterstützen	Paris	England

1. + 3. Ton:

dōngběi	gēnběn	zhōngwǔ	cāochǎng
东北	根本	中午	操场
Nordosten	grundsätzlich	Mittag	Sportplatz

1. + 4. Ton:

gōngzuò	yīnyuè	shāngdiàn	ānjìng	gōnggòng
工作	音乐	商店	安静	公共
arbeiten	Musik	Laden	Ruhe	öffentlich

2. + 1. Ton:

chábēi	Chángjiāng	Táiwān	Hángzhōu	Lúndūn
茶杯	长江	台湾	杭州	伦敦
Teetasse	Yangtse (Fluss)	Taiwan (Insel)	Hangzhou (Stadt)	London

2. + 2. Ton:

xuéxí	zúqiú	chúfáng	Huánghé	Déguó
学习	足球	厨房	黄河	德国
lernen	Fußball	Küche	der Gelbe Fluss	Deutschland

2. + 3. Ton:

yóuyǒng	hánghǎi	nánběi	niúnǎi	píjiǔ
游泳	航海	南北	牛奶	啤酒
schwimmen	Seefahrt	Nord und Süd	Milch	Bier

2. + 4. Ton:

cíqì	ménpiào	tóngyì	huánjìng	bóshì
瓷器	门票	同意	环境	博士
Porzellan	Eintrittskarte	einverstanden	Umwelt	Doktor

1. + 2. + 3. + 4. Ton:  2; 71

lā, lá, lǎ, là;	tīng	xué	xiě	suàn		xiāo	dí	gǔ	sè
	听	学	写	算		箫	笛	鼓	瑟
	hören	lernen	schreiben	rechnen		Langflöte	Querflöte	Trommel	Zither

yīngxiónghǎohàn
英雄好汉
Held

guāngmínglěiluò
光明磊落
edel und ehrlich

Fēicháng gǎnxiè!
非常感谢！
Herzlichen Dank!

4. + 3. + 2. + 1. Ton:

xiàolǐcángdāo
笑里藏刀
trügerisches Lächeln

pòfǔchénzhōu
破釜沉舟
entschlossen sein,
etwas bis zum Ende zu führen

wàngǔliúfāng
万古流芳
ewigen Ruhm genießen

4 Lesen Sie folgende Wörter und Sätze, die Silben mit demselben Ton enthalten, laut und vergleichen Sie dann Ihre Aussprache mit dem Audio-Track. 2; 72

tuōlājī	Liánhéguó	Yíhéyuán	yùndònghuì	shòupiàochù
拖拉机	联合国	颐和园	运动会	售票处
Traktor	Vereinte Nationen	Sommerpalast	Sportfest	Schalter

Jīntiān xīngqīyī.
今天星期一。
Heute ist Montag.

míngnián huí Déguó
明年回德国
nächstes Jahr nach Deutschland zurückkehren

Bàba tònghèn dì èr cì shìjiè dàzhàn.
爸爸痛恨第二次世界大战。
Der Vater verdammt den Zweiten Weltkrieg.

B. Der Einfluss des Neutraltons auf die Vokalqualität

Das Vorkommen des Neutraltons haben wir bereits kennen gelernt. Der Neutralton beeinflusst sowohl Vokale als auch Konsonanten; die schwache Intensität des Neutraltons hat eine Abschwächung der gesamten Silbe zur Folge. Unter den Konsonanten werden die nicht-aspirierten Plosive (Lenisplosive) *b*, *d* und *g*, die prinzipiell stimmlos sind, in Silben mit Neutralton stimmhaft ausgesprochen.

1 Lesen Sie die folgenden Wörter mit dem Neutralton laut und vergleichen Sie dann Ihre Aussprache mit dem Audio-Track. ◎ 2; 73

1. + Neutral:	shūshu	gēge	zhīdao	xiānsheng
	叔叔	哥哥	知道	先生
	Onkel	älterer Bruder	wissen	Herr

2. + Neutral:	míngbai	péngyou	tóufa	hétong
	明白	朋友	头发	合同
	verstehen	Freund	Haare	Vertrag

3. + Neutral:	lǎba	sǎngzi	zǎoshang	mǎimai
	喇叭	嗓子	早上	买卖
	Trompete	Hals	Morgen	Geschäft

4. + Neutral:	zhè ge	dìdi	wènwen	hòutou
	这个	弟弟	问问	后头
	dies	jüngerer Bruder	mal fragen	hinten

C. Tonale Veränderungen bei der Negation *bù* und dem Zahlwort *yī*

Eine Ausnahme zur obigen Regel bildet die Negationspartikel *bù* 不. Hier ändert sich der vierte Ton vor einem weiteren vierten Ton zum zweiten Ton. Zwischen Verben (bzw. Eigenschaftsverben) oder als Negation vor dem Komplement wird *bù* im Neutralton ausgesprochen. Auch das Zahlwort *yī* 一 (eins) erhält vor einer Silbe mit dem vierten Ton den zweiten Ton, während es vor den anderen Tönen im vierten Ton und zwischen Verben im Neutralton gesprochen wird. Als Kardinalzahl, Ordinalzahl oder am Wortende wird es jedoch mit dem ersten Ton *yī* ausgesprochen.

→ Pinyin

Die beschriebenen tonalen Veränderungen werden – wie bereits voher angemerkt – im **Pinyin** grundsätzlich nicht berücksichtigt. Einzige Ausnahmen sind *bù* und *yī*. Sie werden mit dem veränderten Ton geschrieben; es gibt also auch *bú, bu* bzw. *yí, yì und yi*.

1 Lesen Sie folgende Beispiele mit der Negation *bù* laut und vergleichen Sie dann Ihre Aussprache mit dem Audio-Track. ◎ 2; 74

bù vor Silben mit dem 1., 2., 3. und 4. Ton

bù tīng	Bù xíng!	bù xiǎo	bú shì	bú yào
不听	不行！	不小	不是	不要
nicht hören	geht nicht!	nicht klein	nicht sein	nicht wollen

bù suān, bù tián, bù kǔ, bú là	bù wén bú wèn	Bú jiàn bú sàn!	bù hǎo bú huài
不酸, 不甜, 不苦, 不辣	不闻不问	不见不散！	不好不坏
nicht sauer, nicht süß, nicht bitter, nicht scharf	sich nicht interessieren	Abgemacht! (beim Verabreden)	weder gut noch schlecht

bù zwischen zwei Verben, Eigenschaftsverben oder als Negation vorm Komplement

Qù bu qù?	Hǎo bu hǎo?	Dǒng bu dǒng?	qǐ bu lái	ná bu dòng
去不去？	好不好？	懂不懂？	起不来	拿不动
Gehst du hin?	Ist es gut?	Verstehst du?	nicht aufstehen können	nicht aufheben können

2 Lesen Sie folgende Beispiele mit dem Zahlwort *yī* laut und vergleichen Sie dann Ihre Aussprache mit dem Audio-Track. ◎ 2; 75

yī als Kardinalzahl, Ordinalzahl oder am Wortende

dì yī	yīděng	yīlóu	yīniánjí	yǐ fáng wànyī	tǒngyī	chūyī
第一	一等	一楼	一年级	以防万一	统一	初一
erste	erstklassig	erste Etage	erste Klasse	für alle Fälle	Einigung	Erster eines Monats

yī vor Silben mit dem 1., 2., 3. und 4. Ton

yì tiān	yì nián	yì běn	yì bǎi	yídìng	yí wàn
一天	一年	一本	一百	一定	一万
ein Tag	ein Jahr	ein Heft	einhundert	unbedingt	zehn tausend

yì zuǒ yí yòu	yìxīn yíyì	yìzhāo yìxī
一左一右	一心一意	一朝一夕
eine links, eine rechts	mit Leib und Seele	an einem Tag

yī zwischen zwei Verben

liàn yi liàn	jiǎng yi jiǎng	xiē yi xiē
练一练	讲一讲	歇一歇
mal üben	mal erklären	mal ausruhen

D. Akzentuierung

Unter Akzentuierung verstehen wir die Hervorhebung von Teilen (Silben, Wörtern, Phrasen, Satzteilen und Sätzen) innerhalb eines Textes. Diese Hervorhebung wird meist ausschließlich durch die Lautstärke erzeugt, kann aber auch durch eine höhere Tonlage und eine Dehnung des betreffenden Teils zum Ausdruck gebracht werden. Die Akzentuierung kann in einer Sprache regelmäßig erfolgen und stellt dann ein charakteristisches Merkmal der Sprache dar. Sie kann aber auch im Einzelfall vom Sprecher bewusst erzeugt werden, um die Aufmerksamkeit des Hörers auf diesen Teil des Textes zu lenken.

Bei der regelmäßigen, sprachcharakteristischen Akzentuierung unterscheiden wir ganz grob den Wortakzent und den Satzakzent. Der deutsche Wortakzent ist durch die ‚Stammbetonung' gekennzeichnet. Im Deutschen können aber durch den Wortakzent auch Bedeutungen unterschieden werden: beispielsweise ‚übersetzen' ~ ‚übersetzen' oder Tenor ~ Tenor. Für das Chinesische spielt der Wortakzent in dieser Form nur eine untergeordnete Rolle. Lediglich bei Wörtern, die auch im Neutralton gesprochen werden können, kann es Bedeutungsunterschiede geben. Wie Sie z. B. bereits kennen gelernt haben: *dōngxī* heißt ‚Osten und Westen', *dōngxi* hingegen ‚Sache'. Dadurch erscheint die Dynamik der Lautsprache zunächst als eher ausgeglichen. Andererseits spielt die vom Sprecher bewusst gesetzte Akzentuierung zur Hervorhebung eine wichtige Rolle und ist im Allgemeinen noch stärker ausgeprägt als im Deutschen.

1. Wortakzent

Grundsätzlich werden Wortbildungspartikel, die Suffixe und Affixe sowie Funktionswörter nie betont. Hören Sie einige Beispiele: ◉ 2; 76

zhuōzi	shítou	nà ge	zěnme
桌子	石头	那个	怎么
Tisch	Stein	jenes	wie

Für den Wortakzent bei zweisilbigen Wörtern gibt es zwei Möglichkeiten: Wortakzent am Wortanfang oder am Wortende.

Der Akzent am Wortanfang betrifft die meisten Wörter, bei denen die Einzelsilbe für sich genommen keine Bedeutung hat, z. B.

pútao	bōli	luóbo	lǎba
葡萄	玻璃	萝卜	喇叭
Trauben	Glas	Rüben	Trompete

oder bei denen die zweite Silbe nur eine ,begleitende' Silbe ist, z. B.

yǎnjing	yīfu	shūji	xiōngdi
眼睛	衣服	书记	兄弟
Auge	Kleidung	Sekretär	Gebrüder

oder bei denen die zweite Silbe das Stammwort ist, z. B.

nánrén	nǚrén	gōngrén	shāngdiàn	shūdiàn
男人	女人	工人	商店	书店
Mann	Frau	Arbeiter	Geschäft	Büchergeschäft

huǒchē	qìchē	diànchē
火车	汽车	电车
Zug	Auto	Straßenbahn

Den Akzent auf dem Wortende findet man in der Regel bei Wörtern, bei denen die Bedeutung auf die letzte Silbe fällt, z. B. ◎ 2; 77

sīxiǎng	gōngzuò	liánhé	mǎlù	kěnéng
思想	工作	联合	马路	可能
Gedanken	arbeiten	vereinigen	Straße	vielleicht

Bei dreisilbigen Wörtern gilt meistens die Regel, dass der Akzent auf das Wortende fällt, die erste Silbe erhält einen Nebenakzent und die mittlere Silbe ist unbetont, z. B.: ◎ 2; 78

xīhóngshì	fēijīchǎng	wénhuàbù	bàngōngshì
西红柿	飞机场	文化部	办公室
Tomate	Flughafen	Kultusministerium	Büro

2. Satzakzent

1 **Lesen Sie die folgenden Sätze und beachten Sie den Satzakzent! Akzentuieren Sie beim Lesen die fett gedruckten Satzteile und vergleichen Sie dann Ihre Aussprache mit dem Audio-Track.** ◎ 2; 79

Huáng xiānsheng míngnián qù Déguó.

黄先生明年去德国。

Herr Huang fährt nächstes Jahr nach Deutschland.

Shéi míngnián qù Déguó?

谁明年去德国？

Wer fährt nächstes Jahr nach Deutschland?
→ **Huáng xiānsheng** míngnián qù Déguó.

Huáng xiānsheng shénme shíhòu qù Déguó?

黄先生什么时候去德国？

Wann fährt Herr Huang nach Deutschland?
→ *Huáng xiānsheng **míngnián** qù Déguó.*

Huáng xiānsheng míngnián qù nǎr?

黄先生明年去哪儿？

Wohin fährt Herr Huang nächstes Jahr?
→ *Huáng xiānsheng míngnián qù **Déguó**.*

3. Tonale Veränderungen unter dem Einfluss des Akzents

→ **Hintergrund**

Der Einfluss des Akzents auf die phonetische Form der Töne ist nicht einheitlich. Der Akzent modifiziert Silben mit verschiedenen Tönen auf verschiedene Weise. Um Einflüsse des Tonsandhi auszuschließen, werden die Modifikationen anhand einsilbiger Wörter in den folgenden Beispielen vorgeführt. Die vier Töne des Chinesischen werden generell auf folgende Weise vom Akzent beeinflusst (s. Abb. 24):

Der 1. Ton   Akzentuierte Silben mit dem ersten Ton unterscheiden sich von nicht akzentuierten Silben mit dem ersten Ton durch eine leicht fallende Tonhöhenbewegung; sie sind außerdem am Anfang lauter und insgesamt kürzer.

Der 2. Ton   Akzentuierte Silben mit dem zweiten Ton haben gegenüber nicht akzentuierten Silben mit dem zweiten Ton eine ausgeprägtere Tonhöhenbewegung: sie beginnen tiefer und enden höher. Außerdem nimmt die Intensität während der Artikulation zu. Die Dauer ist geringfügig länger.

Der 3. Ton   Akzentuierte Silben mit dem dritten Ton haben gegenüber nicht akzentuierten Silben mit dem dritten Ton ebenfalls eine ausgeprägtere Tonhöhenbewegung. Der Tonverlauf setzt höher ein, fällt steiler ab und steigt dann stärker an. Die Intensität ist ebenfalls ausgeprägter, v. a. am Silbenanfang und am Silbenende; die Dauer ist länger.

Der 4. Ton   Akzentuierte Silben mit dem vierten Ton setzen gegenüber nicht akzentuierten Silben dieses Tons höher ein und enden tiefer. Die Intensität ist am Silbenanfang wesentlich stärker; die Dauer ist kürzer.

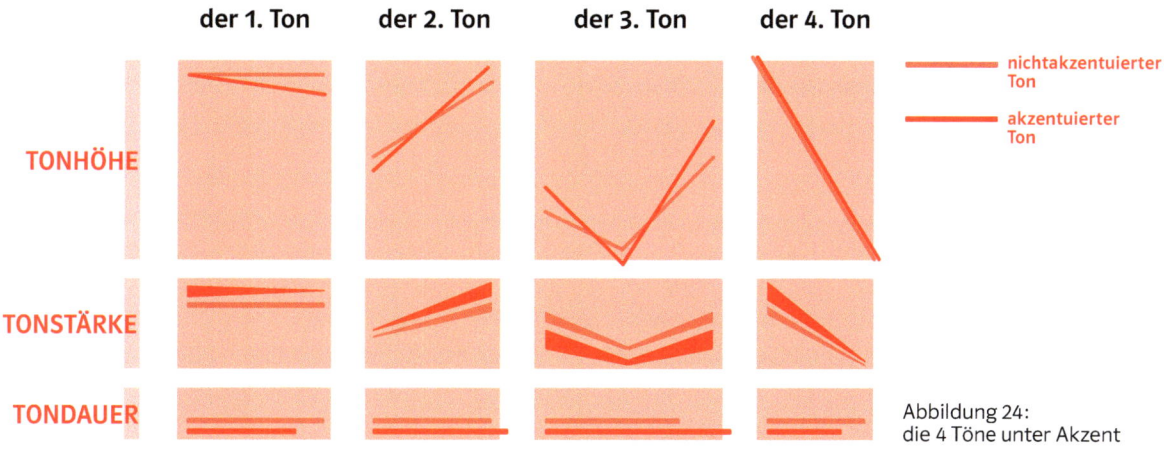

Abbildung 24:
die 4 Töne unter Akzent

Rhythmus der Rede | Intonation | der Einfluss der Intonation auf die Töne | Pausensetzung in der Rede | parasprachliche Signale | Sprachvarietät

12 学无止境 Xué wú zhǐ jìng
Das Lernen geht immer weiter.

A. Rhythmus der Rede

Unter rhythmischem Aspekt werden die Sprachen der Welt in zwei Gruppen eingeteilt: die silbenzählenden und die akzentzählenden Sprachen. Bei ersteren sind die zeitlichen Abstände zwischen den einzelnen Silben etwa gleich lang, bei letzteren sind die zeitlichen Abstände zwischen akzentuierten Silben etwa gleich lang – ganz gleich wie viele nicht akzentuierte Silben sich zwischen zwei akzentuierten befinden. Das Chinesische gehört zur ersten, das Deutsche (und auch das Englische) gehört zur zweiten Gruppe. Dies hat zur Konsequenz, dass im Chinesischen aus rhythmischen Gründen nicht mit Reduktionen der Lautqualität zu rechnen ist. Reduktionen der Lautqualität sind im Chinesischen so gut wie ausschließlich durch Töne bedingt. Darauf wurde bereits an den entsprechenden Stellen hingewiesen.

B. Intonation

Ähnlich wie das Deutsche und andere Sprachen hat auch das Chinesische unterschiedliche Intonationsmuster. Durch diese können unterschiedliche Satztypen gekennzeichnet sein, wie z. B. Aussage- und Fragesätze, bei Fragen der Unterschied zwischen Entscheidungs- und Sachfragen, bei Sachfragen Informations- und Nachfragen, ferner Befehls- und Wunschsätze sowie neutrale und freundliche Aufforderungen.

Allerdings besteht zwischen verschiedenen Satztypen und bestimmten Intonationskonturen keine absolute Eins-zu-eins-Beziehung. Deshalb ist es sowohl für das Deutsche als auch für das Chinesische recht schwierig, eindeutige Aussagen über den Gebrauch etwa der fallenden Intonation, der ebenen Intonation und der steigenden Intonation zu machen. In vielen Fällen ist der Gebrauch einer bestimmten Intonationskontur auch von der Situation und vom Verhältnis der Sprecher zueinander abhängig. Im Chinesischen lassen sich jedoch zwei Hauptgruppen von Intonationskonturen unterscheiden: die Intonation in unemphatischen Äußerungen (gleichgültig, ob es sich dabei um Aussagesätze, Fragesätze oder andere Satztypen handelt) und die Intonation der emphatischen Äußerung (wie z. B. eindringliche Fragen, strenge Befehle, erstaunte Ausrufe).
Der Tonhöhenverlauf in unemphatischen Äußerungen ist im Allgemeinen eben und fällt gegen Ende der Äußerung schwach ab.

Hören Sie dazu folgende Beispielsätze! 🎯 2; 80

Wǒ shì Déguó rén. Wǒ huì shuō yìdiǎ(n)r hànyǔ. (unemphatische Aussage)

我是德国人。我会说一点儿汉语。

Ich bin Deutsche. Ich kann ein bisschen Chinesisch sprechen.

Nǐ shì nǎ guó rén? (unemphatische Frage)

你是哪国人？

Woher kommst du?

Nǐ kànjiàn wǒ de qiánbāo le ma? (eindringliche Frage)

你看见我的钱包了吗？

Hast du mein Portemonnaie gesehen?

Shénme? Nǐ hái bù zhīdào?!
(Erstaunen signalisierender Satz)

什么？你还不知道?!

Was? Du weißt es noch nicht?!

Nǐ zěnme hái bù dǒng?
(als Vorwurf zu wertender Satz)

你怎么还不懂？

Wieso verstehst du immer noch nicht?

Kuài zǒu! (strenger Befehl)

快走！

Schnell weg!

Bié xiào! (strenger Befehl)

别笑！

Lach nicht!

Bié pà! Méi guānxi! Zài lái yí cì! (Ermutigung ausdrückender Satz)

别怕！没关系！再来一次！

Keine Angst! Nicht schlimm! Versuche es noch einmal!

Tā huì hànyǔ. (allgemeine Aussage)

他会汉语。

Er kann Chinesisch.

Tā huì hànyǔ. (Bestätigung ausdrückender Satz)

Tā huì hànyǔ? (Skepsis ausdrückender Satz)

Tā huì hànyǔ?! (Überraschung ausdrückender Satz)

Der Verlauf der Tonhöhe in emphatischen Äußerungen hängt meist von dem Gebrauch bestimmter Partikel ab. Je nach Wahl der Partikel sind eine fallende, eine steigende oder eine fallend-steigende Intonation möglich.

Bei der fallenden Intonation ist der Tonhöhenverlauf eben und fällt gegen Ende des Satzes ab. Es lassen sich drei Grade des Abfallens feststellen, die folgenden Satztypen zuzuordnen sind: 🔴 2; 81

1. Aussagesatz mit schwach abfallendem Tonhöhenverlauf

Zhè shì wǒmen de jiàoshì.

这是我们的教室。

Das ist unser Klassenzimmer.

Míngtiān wǒmen yǒu hànyǔ kè.

明天我们有汉语课。

Wir haben morgen Chinesischunterricht.

2. Satz mit stark abfallendem Tonhöhenverlauf

Hǎo ba. Suí nǐ de biàn.

好吧。随你的便。

Na gut. Wie du willst.

3. Aussagesatz mit besonderem Nachdruck, bei dem der Tonhöhenverlauf sehr steil abfällt.

Nà tài hǎo le!

那太好了！

Das ist wunderbar!

Zhēn bú cuò!

真不错！

Wirklich nicht schlecht!

Bei der steigenden Satzintonation ist der Tonhöhenverlauf ebenfalls zuerst eben und steigt gegen Ende der Äußerung an. Diese Intonation kommt in Fragesätzen und Teilsätzen, die nicht am Ende der Aussage stehen, vor. 🔴 2; 82

Nǐ shénme shíhou yǒu shíjiān?

你什么时候有时间？

Wann hast du Zeit?

Tā xìng Wáng, wǒ xìng Yè.

他姓王，我姓叶。

Er heißt Wang, ich heiße Ye.

Schließlich ist noch die steigend-fallende Intonation zu erwähnen, die dazu dient, Emotionen verschiedenster Arten auszudrücken. Bei dieser Intonation steigt die Tonhöhe zunächst an und fällt dann steil ab. 🔴 2; 83

Nà yòu zěnme yàng?

那又怎么样？

Na und?

Wǒ māma kě hǎo le!

我妈妈可好了！

Meine Mama ist wirklich sehr nett!

1 **Lesen Sie die folgenden Sätze und achten Sie beim Nachsprechen auf die unterschiedliche Satzintonation bei emphatischen Äußerungen.** ◎ 2; 84

Nǐ qù Běijīng?

你去北京？

Fährst du nach Peking?

Shéi shuō hànyǔ bù nán?

谁说汉语不难？

Wer sagt, dass Chinesisch nicht schwer ist?

Nǐ bú qù, wǒ yě bú qù!

你不去，我也不去！

Wenn du nicht hingehst,
gehe ich auch nicht hin!

Āiya! Nǐmen kě lái le!

哎呀！你们可来了！

Meine Güte! Ihr seid endlich da!

Āiya! Nǐmen zěnme cái lái?

哎呀！你们怎么才来？

Oh Gott! Wieso seid ihr jetzt erst gekommen?

Bú yào dàshēng shuōhuà!

不要大声说话！

Rede nicht so laut!

Tāmen zhè ge yuè qù Shànghǎi, xià ge yuè qù Xiānggǎng.

他们这个月去上海，下个月去香港。

Sie fahren diesen Monat nach Shanghai, nächsten Monat nach Hong Kong.

C. Der Einfluss der Satzintonation auf die Modifikation der Tonhöhenkontur und den Tonhöhenverlauf

Da sowohl die Intonation (Tonhöhenverlauf innerhalb des Satzes) als auch die Töne (Tonhöhenverlauf innerhalb einer Silbe) dieselben Mittel, nämlich die Änderung der Grundfrequenz, verwenden, kommt es zu einer gegenseitigen Beeinflussung und als Resultat zu einer ‚Verschmelzung' der beiden Phäno-mene. Dies zeigt sich einerseits in der Modifikation der Tonhö-henkontur einzelner Töne, ande-rerseits in der allgemeinen Lage des Tonhöhenverlaufs innerhalb der Grenzen des natürlichen Stimmspektrums des Sprechers.

In der für unemphatische Äuße-rungen typischen Satzintonation (ebener Tonhöhenverlauf mit leichtem Abfall am Ende der Äu-ßerung) werden alle Töne etwas ‚eingeebnet' bis auf den letzten;

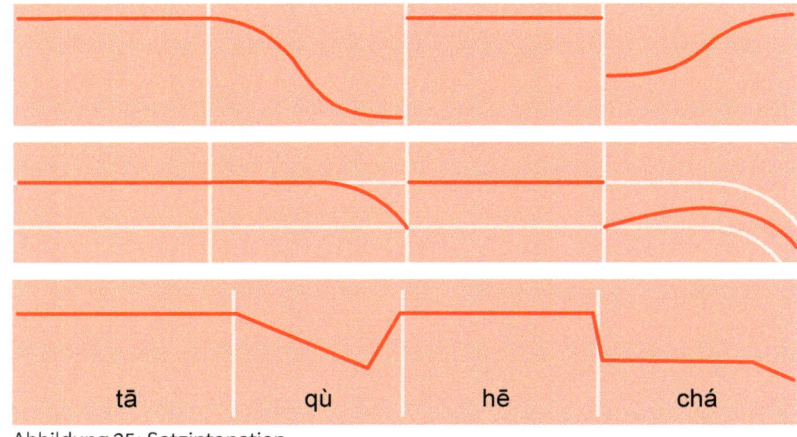

Abbildung 25: Satzintonation

dieser wird modifiziert durch die fallende Tendenz der Satzintonation. Wie die Grafik zeigt (s. Abb. 25), wird aus einem steigenden Ton durch die fallende Tendenz der Satzintonation ein praktisch ebener Ton.

D. Pausensetzung in der Rede

Die Pausensetzung im Redefluss unterscheidet sich nicht wesentlich von der im Deutschen üblichen Pausensetzung. Auf einige Merkmale sei aber hier anhand von Beispielen hingewiesen, die in ein paar Regeln zur Sprechpause zusammengefasst sind. Vergleichen Sie folgende Sätze! ◉ 2; 85

1. Pause innerhalb eines Satzes zwischen relativ langem Subjekt und Prädikat

Wǒ shì | xuésheng.

我是 | 学生。

Ich bin Schüler/Student.

Xué hànyǔ de rén | yuèláiyuè duō.

学汉语的人 | 越来越多。

Die Zahl der Chinesischlernenden nimmt immer mehr zu.

2. Pause vor einem längeren Objekt

Wǒ mǎi shū.

我买书。

Ich kaufe ein Buch.

Wǒ dǎsuàn | qù Zhōngguó lǚyóu.

我打算 | 去中国旅游。

Ich habe vor, eine Reise nach China zu machen.

3. Pause innerhalb eines Satzes zwischen mehreren Attributen

xīn cāntīng

新餐厅

ein neues Restaurant

xīnkāi de | yì jiā | Yìdàlì cāntīng

新开的 | 一家 | 意大利餐厅

ein neu eröffnetes italienisches Restaurant

4. Pause nach einer relativ langen Adverbialphrase

nǔlì xuéxí

努力学习

fleißig lernen

Tā | tóu yě bù tái de | huídá shuō …

他 | 头也不抬地 | 回答说 …

Er antwortet, ohne den Kopf anzuheben …

5. Pause innerhalb eines Satzes vor einem relativ langen Komplement

Wǒ | chī bǎo le.

我 | 吃饱了。

Ich bin satt.

Tā gāoxìng de | yì zhěng yè méi hé yǎn.

他高兴得 | 一整夜没合眼。

Er freute sich so sehr, dass er die ganze Nacht kein Auge zugemacht hat.

E. Parasprachliche Signale

Neben den in einer Sprache zur Bildung von Wörtern verwendeten ‚Sprachlauten' gibt es eine Vielfalt weiterer Laute oder lautähnlicher Geräusche, die jeder Sprecher in der Rede benutzt. Man zählt diese zu den (auditiven) ‚parasprachlichen' Signalen. Dazu gehören sowohl die meisten Interjektionen, aber auch Häsitationslaute, Laute zur Kennzeichnung des Emotionszustands bis hin zu lautmalerischen Elementen, die sehr häufig, aber nicht ausschließlich im Gespräch mit Kindern verwendet werden. Da die Vielfalt sehr groß ist, können hier nur einige Beispiele gegeben werden:

Interjektionen, die verschiedenen Emotionen ausdrücken. Hören Sie zu! ◉ 2; 86

**Annahme eines Telefonanrufs
(oder auch als Zuruf)** 喂 *wéi!*:

wéi! oder wèi!

喂！

Hallo!

Antwort auf einen Zuruf 嗯 *én?*:

Én? Shénme shì?

嗯？什么事？

Ja? Was gibt's?

Ausruf des Erstaunens 哎呀 *āiyà!*:

Āiyà, wǒ de tiān na! Wǒ bǎ zhè shìr wàng de yìgān'èrjìng!

哎呀，我的天呐！我把这事儿忘得一干二净！

Oh Gott! Ich habe das total vergessen!

Ausdruck der Besorgtheit 哎呦 *āiyòu!*:

Āiyòu! Kàn bǎ nǐ lèi de! Kuài xiē huǐr bà!

哎呦！看把你累的！快歇会儿吧！

Oh weia! Guck! Du hast dich so sehr angestrengt! Komm, ruh dich mal aus!

Ausdruck des Jammerns 哎呦 *āiyòu!*:

Āiyòu! Wǒ de dùzi hǎo téng!

哎呦！我的肚子好疼！

Aua! Mein Bauch tut weh!

Seufzen 咳！ *hài!*:

Hài! Bié tí la! Zāogāo tòu le!

咳！别提啦！糟糕透了！

Ach! Red lieber nicht darüber!
Das war ganz schlecht!

Wut und Ärger 哼！ *hèng!*:

Hèng! Yǐhòu zài yě bù bāng nǐ le!

哼！以后再也不帮你了！

Hm! Ich helfe dir nie wieder!

Unfassbarkeit 咦？ *yí?*:

Yí, wǒ de bǐ zěnme bú jiàn le?

咦，我的笔怎么不见了？

Hm? Wieso ist mein Stift weg?

Triumph 哈哈！*hàhà!:*

Hàhà! Zhè xià nǐ kě pǎo bù liǎo le!

哈哈！这下你可跑不了了！

Haha! Diesmal habe ich dich!

Zeichen der Zustimmung 哦。*ò!:*

Ò, zhīdao le.

哦，知道了。

Oh, ist gut. (Weiß ich schon.)

Ausdruck von Skepsis 哦？*ó?:*

Ó? Yǒu zhème huí shì?

哦？有这么回事？

Ja? Gibt's so was?

Hören Sie nun einige Beispiele für Lautmalerei! ◎ 2; 87

Katze	miāo miāo miāo	喵喵喵
Hund	wàng wàng wàng	汪汪汪
Hahn	wō wō wō	喔喔喔
Henne	gēgēdā	咯咯嗒
Ente	gágágá	嘎嘎嘎
Frosch	guāguāguā	呱呱呱
Biene	wēngwēngwēng	嗡嗡嗡
Vogel	jījīzhāzhā oder jiūjiūjiū	叽叽喳喳 oder 啾啾啾
fließendes Gewässer (Fluss, Bach)	huālālā	哗啦啦
Wassertropfen	dīdā dīdā, dīdī dādā	嘀嗒嘀嗒，滴滴答答
Regentropfen	pādā pādā	啪嗒啪嗒
Starker Regenguss	shuālālā	唰啦啦
Donner oder Zug	hōnglōnglōng	轰隆隆

Lachen	hāhāhā	哈哈哈
Kichern	xīxīxī	嘻嘻嘻
Weinen	wūwūwū, wāwāwā	呜呜呜，哇哇哇
Unverständlich reden	jīli gūlū	叽哩咕噜
Murmeln	dūdu nāngnang	嘟嘟囔囔
Schnarchen	hūlu	呼噜
in großen Schlucken trinken	gūdōng gūdōng	咕咚咕咚
Quietschen (z. B. Tür)	zhīniū	吱妞

F. Sprachvarietät

Jetzt haben wir die Aussprache des Chinesischen in der Form der Standardlautung kennen gelernt. Aber genau wie das Deutsche und andere Sprachen hat auch das Chinesische eine Vielzahl von regionalen Varietäten. Sie werden feststellen, dass Chinesen auch bei der Verwendung der Standardsprache in ihrer Aussprache mehr oder weniger von der festgelegten Aussprachenorm abweichen.
Im Allgemeinen kann man die regionalen Varietäten in folgende sieben Gruppen sortieren: die nördliche Varietät, vertreten durch Peking, aber auch in den nördlichen Provinzen praktiziert; die Wu-Varietät, vertreten durch Shanghai, und vor allem in der Provinz Jiangsu, Zhejiang verbreitet; die Min-Varietät, vor allem in der Provinz Fujian und auf Taiwan gesprochen (häufig unterscheidet man bei der Min-Varietät die südliche und nördliche Varietät, also Minnan- bzw. Minbei-Varietät); die Yue-Varietät, auch Kantonesisch genannt, vor allem in den Regionen Provinz Guangdong, Hong Kong und Macao gesprochen, aber auch unter den chinesischen Auswanderern auf der Welt präsent; die Hakka-Varietät, vor allem in den Provinzen Guangdong, Jiangxi, Hunan und teilweise in der Provinz Sichuan gesprochen; die Gan-Varietät, vorwiegend in der Provinz Jiangxi verbreitet, und die Xiang-Varietät, meistens in den Provinzen Hunan und Hubei gesprochen.

Das darf Sie aber nicht irritieren. Die hier vermittelte Aussprachenorm wird in ganz China verstanden, auch dann, wenn der Sprecher selbst von ihr abweicht. Der Standard ist schon deshalb allen Chinesen wohlvertraut, weil es die Aussprache ist, die durch die Medien nicht nur starke Verbreitung findet, sondern auch höchstes Ansehen hat. Wenn Sie im Gespräch mit Chinesen, bei denen Sie merken, dass sie vom Standard abweichen, hartnäckig genug bleiben, werden Sie meist erreichen, dass sich Ihr Gesprächspartner zumindest bemüht, möglichst nahe an den Standard zu kommen, um Ihnen das Verstehen zu erleichtern. Jedenfalls wünschen wir Ihnen viel Erfolg bei Ihrer ersten Unterhaltung auf Chinesisch. Vielleicht sind Ihre Gesprächspartner sogar beeindruckt von Ihrer guten Aussprache.

Test 2

1 Schreiben Sie alle Fortis- und Lenisaffrikaten paarweise auf, die Sie kennen gelernt haben!

2 Wodurch unterscheiden sich die Affrikaten *zh* und *j*, *ch* und *q*?

3 Wodurch unterscheidet sich die Distribution der Affrikaten *zh* und *j*, *ch* und *q* von einander?

4 Wie wird der Laut *ü* geschrieben, wenn ihm kein Konsonant vorangeht? Nach welchen 3 Konsonanten schreibt man in Pinyin den Laut *ü* mit dem Buchstaben *u*?

5 Schreiben Sie alle 3 Lautkombinationen mit *ü* auf!

6 Schreiben Sie die 5 Konsonanten auf, die mit dem Vokal *ü* bzw. einer Lautkombination, die mit *ü* beginnt, gebildet werden können!

7 Wodurch unterscheidet sich der Laut *i* nach *z*, *c*, *s* und *zh*, *ch*, *sh*, *r* von dem Einzelvokal *i* wie z. B. in *dì* und *mì*?

8 Welches phonetische Phänomen hat neben den Tönen auch eine bedeutungsunterscheidende Funktion?

9 Schreiben Sie die wesentlichen Unterschiede des chinesischen und deutschen Konsonantensystems auf!

10 Schreiben Sie die wesentlichen Unterschiede des chinesischen und deutschen Vokalsystems auf!

11 Hören Sie zu und füllen Sie die Lücken mit den Anlauten, die Sie gehört haben! ◎ 2; 88

_____àn _____éng | _____ăo_____óng | _____ié_____uē | _____uāng_____óng |

_____é_____èn | _____ĭ_____òng_____ī | _____ùn_____ù | _____á_____ì |

_____ù_____iàn_____í

12 Hören Sie zu und füllen Sie die Lücken mit den Auslauten, die Sie gehört haben! ◉ 2; 89

j_____x_____ | sh_____zh_____ | t_____x_____ | y_____x_____ | j_____p_____ |

y_____j_____ | q_____q_____ | x_____y_____ | y_____l_____ | sh_____x_____ |

13 Hören Sie zu und setzen Sie die Tonzeichen auf den entsprechenden Vokal! ◉ 2; 90

chuanqi – chuanqi | xuezi – xuezi | jichu – jichu | qingxing – qingxing | jiji

14 Hören Sie zu und kreuzen Sie die Silbe an, die Sie gehört haben! ◉ 2; 91

☐ zhōngshí ☐ chōngshí | ☐ qiǎohé ☐ jiǎohe | ☐ suānyè ☐ shuāngyè |

☐ jiāqiǎo ☐ qiàqiáo | ☐ qiántou ☐ quántou | ☐ dàolù ☐ tàolu |

15 Hören Sie zu und nummerieren Sie die Laute in folgenden Lautgruppen in der Reihenfolge, die Sie gehört haben! ◉ 2; 92

☐ qīnjìn ☐ qīngjìng | ☐ chéngchí ☐ céngcì | ☐ shùmù ☐ sùmù ☐ zhùmù |

☐ zhuānmén ☐ zhuāng mén ☐ chuāngmén | ☐ zìjiàn ☐ jījiàn ☐ zhíjiān |

☐ cíqì ☐ cìji

16 Diktat Hören Sie zu und schreiben Sie die Wörter in Pinyin auf! ◉ 2; 93

_____ | _____ | _____ | _____ | _____ |

_____ | _____ | _____ | _____ |

17 Hören Sie zweimal folgendes Gedicht von *Wáng Zhīhuàn* (王之渙) aus der Tang-Zeit, zuerst Wort für Wort, dann zusammenhängend gelesen. Schreiben Sie es in Pinyin über den Schriftzeichen! ◉ 2; 94

登 鹳 雀 楼　　Steig auf das Turmhaus zum Storche

白 日 依 山 尽，　　Die weiße Sonne versinkt hinter den Bergen,

黄 河 入 海 流。　　Der Gelbe Strom treibt in das Meer hinaus.

欲 穷 千 里 目，　　Für eine bessere Aussicht tausend Meilen weit,

更 上 一 层 楼。　　Steige noch ein Geschoss hinauf.

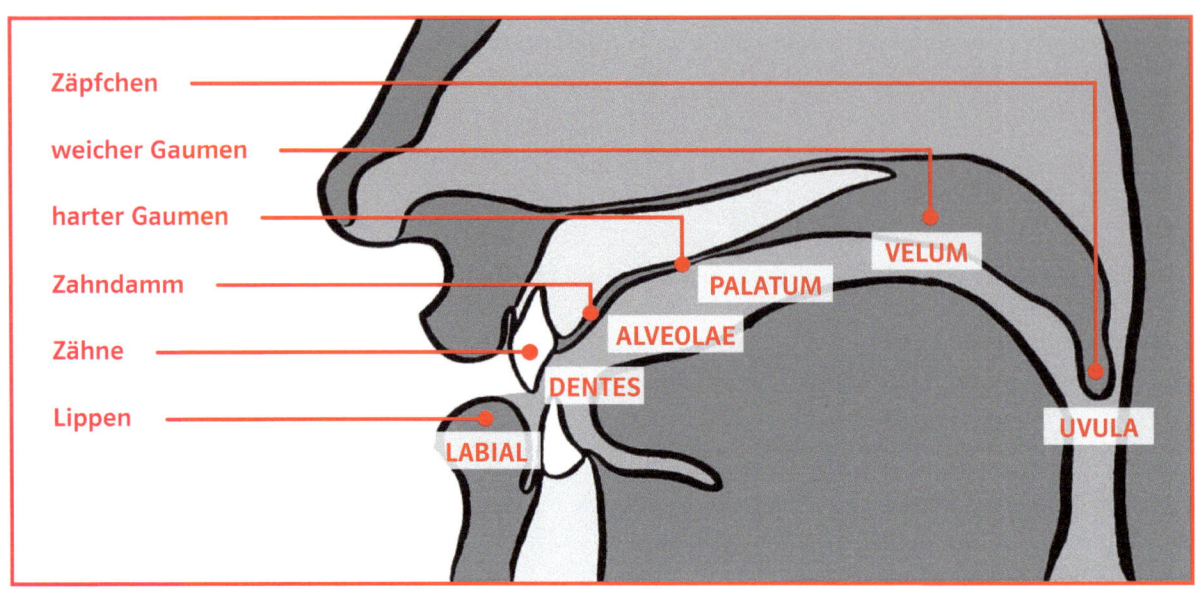

Abbildung 26: Die Artikulationsorgane

Hörbeispielsilben (in den Lektionen nicht abgedruckt)

Lektion 2
gē, kē, lē
dè, tè, gè, kè, lè, nè
dào, tào, bào, pào, nào, mào
dài, tài, gài, bài, pài, mài, lài

Lektion 4
bēi, pēi, fēi, hēi, mèi, nèi
sōu, fŏu, mŏu, dòu, tòu, hòu
pá, má, mái, lái, máng, tíng,
  píng, hú

Lektion 5
shàng, shān, shéi, shǎo, shù
ràng, rán, rè, rù, réng
xīn, xià, xiàn, xiǎng, xiě, xǐng

Lektion 6
diāo, tiāo, miāo, liāo
guài, kuài, shuài
xiù, liù, yòu
huì, guì, kuì, wèi

guā, huā, kuā
guān, huān, kuān
guāng, huāng, kuāng

dùn, gùn, kùn, wèn
wēng, wèng

Lektion 7
zào, zū, zāng
zhā, zhè, zhù
jìn, jìe, jiào

dōng, tōng, lōng, zhōng
xiōng, jiōng

nǔ, lǜ, xù, jù, jū, xū

lüè, nüè, jué, xué

xuān, juān
xùn, jùn

Lektion 8
cā, cān, cāo, cū, cōng, cāng
chá, chán, cháo, chóng
qiā, qiāo, qiū, qióng

zhī, zhǐ, chī, chǐ, shī, shì, rì
zī, zì, sī, sì, cī, cì

Lösungsschlüssel

Lektion 1

Ü1 **Silben ankreuzen:**

☒ pà ☒ kū ☒ nù ☒ lì ☒ lā ☒ yì

Ü2 **Töne unterscheiden:**

hoch	☒ lā	☐	☒ tā	☐	☒ fū	☐	☐	☒ pī	☐
fallend	☐	☒ mà	☐	☒ nà	☐	☒ tù	☒ tì	☐	☒ nì

Ü3 **Tonzeichen setzen:**

tā | fà | pī | tì | pù | fū | là | tà | lì | tū | pà | yī

Ü4 **Diktat:**

fūfù | fùlì | pīfā | pīlì | mìmì | yìwù | Tā pà là. | Tā pū lù. | Tā pà tā kū.

Lektion 2

A2 **Konsonantenpaare unterscheiden:**

Lenisplosiv	☒ bā	☐	☒ dì	☐	☒ dù	☒ bì	☐	☒ gù	☐	☒ bù
Fortisplosiv	☐	☒ pà	☐	☒ tù	☐	☐	☒ kā	☐	☒ pū	☐

Ü1 **Silben ankreuzen:**

☒ pā ☒ bī ☒ pào ☒ bù ☒ tà ☒ dù ☒ dài ☒ dào ☒ kē ☒ gū ☒ kào ☒ gài

Ü2 **Anlaute einsetzen:**

bà – pà | gè - kè | dà kāi – dà gài | pùbù – bùpù | dàitì – tài dī

Ü3 **Auslaute einsetzen:**

mài bào | bà kè | bào dào | dàitì | bù kū | è māo | kēlì | gāo gè

Ü5 **Diktat:**

bàkè | gùkè | bàolì | tàbù | bàmā | dàpào | gègè | Àodìlì

Lektion 3

B2 **Unterscheidung von *n* und *ng*:**

[n] ☒ làn ☐ ☐ ☒ fèn ☐ ☒ bīn ☐ ☐ ☒ kàn ☒ gān

[ŋ] ☐ ☒ tàng ☒ dīng ☐ ☒ fēng ☐ ☒ mìng ☒ tīng ☐ ☐

B3 **Auslaute einsetzen:**

b<u>īn</u> kè – kànb<u>ìng</u> | <u>fēn</u> d<u>ān</u> – f<u>ēng</u> g<u>ān</u> | kāif<u>àn</u> – kāif<u>àng</u> | l<u>àn</u> m<u>àn</u> – l<u>àng</u> m<u>àn</u>

D3 **Silben ankreuzen:**

☒ bǐ – ☐ pī | ☐ mà – ☒ mǎ | ☐ làng – ☒ lǎng | ☒ hěn – ☐ fēn |

☒ bǎn – ☐ màn | ☐ gū – ☒ gǔ | ☒ hǎo – ☐ hào | ☐ kè – ☒ ě | ☒ měng – ☐ fēng

Ü3 **12 Wörter zu den Bildern**

mǐfàn | dàngāo | fēngmì | bǐnggān | bào | dēng | lǐngdài | fěn(fén)bǐ | gāngbǐ |

dìtǎn | mùbǎn | dǎodàn

Ü4 **Diktat:**

gāokǎo | fāngfǎ | fànfǎ | gēnběn | dàdàolǐ | kě'ài | ānkāng | bīnfēn

fēnglàng | bīnglíng | fùmǔ | kètīng | bǎndèng | fān'àn | fāng'àn | Mě(é)nggǔ

Lektion 4

C3 **Auslaute einsetzen:**

Máot<u>ái</u> | dìl<u>éi</u> | làm<u>éi</u> | m<u>éi</u> l<u>ái</u> | s<u>ài</u> mǎ | d<u>ài</u> l<u>ái</u>

t<u>óu</u> n<u>ǎo</u> | b<u>ái</u> mǐ | nánb<u>ěi</u> | f<u>ǒu</u> dìng | g<u>āo</u> l<u>óu</u>

Ü1 **Anlaute einsetzen:**

<u>d</u>ǎ <u>s</u>ǎo | <u>h</u>ēi <u>b</u>ǎn | <u>h</u>éng <u>f</u>ú | <u>g</u>āo <u>s</u>ù | <u>s</u>ùfú | <u>h</u>òu <u>m</u>én | <u>n</u>án <u>h</u>ái

Ü2 **Tonzeichen setzen:**

nánfāng | hánlěng | fúlì | bǎntú | líkāi | píngděng | túdì | kěnéng | hépíng | hēibái

Ü4 **Diktat:**

nánběi | dúlì | máobǐ | hépíng | míngdān | dāndú | gǎigé | hánlěng | dàodé | fāmíng

Lektion 5

B2 **Auslaute einsetzen:**

h<u>òu</u>dài | diǎnh<u>uǒ</u> | sh<u>ōu</u>h<u>uò</u> | p<u>ò</u>h<u>uò</u> | h<u>ú</u>sh<u>uō</u> | n<u>uò</u>r<u>uò</u> | l<u>uò</u>h<u>òu</u>

gāol<u>óu</u> | g<u>ǒu</u>t<u>óu</u> | fánd<u>uō</u> | sh<u>ǒu</u>d<u>ū</u> | kāik<u>ǒu</u> | m<u>ō</u>s<u>uǒ</u> | b<u>ō</u>l<u>uó</u>

D2 **Anlaute einsetzen:** *sh, r* oder *x*?

<u>sh</u>ōu<u>r</u>ù | <u>sh</u>ǎo<u>sh</u>ù | <u>x</u>iàndài | <u>sh</u>én<u>x</u>iān | <u>sh</u>āng<u>r</u>én | <u>x</u>iàbān

<u>x</u>iě <u>x</u>ìn | <u>x</u>íng<u>r</u>én | <u>r</u>éng<u>r</u>án | <u>sh</u>èng<u>r</u>èn | <u>x</u>iàng<u>sh</u>àng | <u>r</u>àngbù

Ü1 **Auslaute einsetzen:** *ia, ian, iang* oder *ie*?

x<u>ià</u>t<u>iān</u> | xīnn<u>ián</u> | x<u>iāng</u>xìn | d<u>iàn</u>nǎo | t<u>iě</u>lù | gǎnx<u>iè</u> | fāx<u>iàn</u>

l<u>ián</u>x<u>iǎng</u> | lìl<u>iàng</u> | pūm<u>iè</u> | b<u>iàn</u>b<u>ié</u> | rèl<u>iè</u>

Ü3 **Diktat:**

rùkǒu | règǒu | gǎnxiè | yángé | shùyè | móliàn | sōusuǒ

luòhòu | diànyǐng | húdié | bōluó | pòluò | xiàtiān | fóxiàng | shēnbiān

Ü4 **Städte eintragen:**

1. Shěnyáng | 2. Luòyáng | 3. Yán'ān | 4. Shànghǎi | 5. Dàlián

Lektion 6

A2 **Silben ankreuzen:**

☒ guài ☒ sàn ☒ huài ☒ wài ☒ yào ☒ diào

B1 **Silben ankreuzen:**

☒ shuì ☒ rǔi ☒ diū ☒ yōu

C1 **Silben nummerieren:**

[1] guān [3] huān [2] guāng [3] suàn [2] shuàn [1] chuàng [2] wáng [1] huāng [3] wán

E4 **Auslaute einsetzen:**

míng<u>bai</u> – hēi<u>bái</u> | xiǎng<u>xiàng</u> - xiǎng<u>xiang</u> | <u>yǒu</u>hǎo – péng<u>you</u> | pú<u>tao</u> – <u>táo</u>huā

dì<u>dao</u> – <u>dào</u>lǐ | xiàng<u>sheng</u> – yī<u>shēng</u> | kuài<u>le</u> –kuài<u>lè</u> | dà<u>liàng</u> – dǎ<u>liang</u>

E5 **Diktat:**

kuàilè | dàxiàng | wénhuà | yóuxíng | niúnián | kāfēiguǎn | shuāngrénfáng | wàiguórén

Test 1

1 b – p | d – t | g – k

2 Die Artikulationsstelle der beiden retroflexen Frikative *sh* und *r* ist dieselbe, aber *sh* ist stimmlos, während es sich bei *r* um das stimmhafte Korrelat von *sh* handelt.

3 Der retroflexe Frikativ *sh* und der präpalatale Frikativ *x* stehen in komplementärer Distribution. Während *sh* nur vor den Vokalen *a*, *e*, *u* und *o* und vor Lautkombinationen vorkommt, die mit diesen Vokalen beginnen, steht *x* nur vor den Vokalen *i* und *ü* und vor Lautkombinationen, die mit diesen beiden Vokalen beginnen.

4 Die Kontraktion von *iu* ist *iou*, von *ui* ist *uei*, von *o* ist *uo* und von *ui* ist *uei*.

5 Die bisher bekannten Konsonanten, die vor dem Vokal *i* und vor i-Kombinationen vorkommen, sind *b*, *p*, *d*, *t*, *m*, *n* und *l*. Vor diesen Lauten kommen *f*, *g*, *k* und *h* nie vor.

6 Vor dem Einzelvokal *u* kommen alle bisher bekannten Konsonanten vor, mit Ausnahme des präpalatalen Frikativs *x*. Vor allen Lautkombinationen, die mit *u* beginnen, kommen nur die drei Konsonanten *g*, *k* und *h* vor.

7 Das geschriebene <e> wird in chinesischen Wörtern wie *gēn* als [ə] gesprochen, während das geschriebene <e> im deutschen Wort *Gen* als [eː] gesprochen wird. Das <e> in *ė* ist ein entrundetes *O* und wird als [ɤ] gesprochen, während das in *eben* als [eː] gesprochen wird.

8 Im Chinesischen sind die Töne bedeutungsunterscheidend. Hierzu ist der Tonhöheverlauf der Töne entscheidend. Nach dem Tonhöheverlauf unterscheiden sich die 4 Grundtöne wie folgt voneinander: Der erste Ton ist ein hoher, ebener Ton, der zweite Ton ein steigender, der dritte Ton ein fallend-steigender und der vierte Ton ein fallender Ton. Die Tonhöhe des Neutraltons richtet sich nach dem Ton der vorangehenden Silbe. Der Neutralton wird grundsätzlich unbetont gesprochen. Außerdem unterscheiden sich die Töne durch Tondauer und Tonstärke voneinander. Im Wortkontext unterliegen die Töne in unterschiedlichem Grad einer tonalen Veränderung, die auch Tonsandhi genannt wird. Am deutlichsten kommt diese Erscheinung beim dritten Ton vor.

9 Wenn zwei Silben mit dem dritten Ton aufeinander folgen, wird die erste Silbe im zweiten Ton gesprochen.

10 xiangai ▶ xian-gai oder xiang'ai   pingan ▶ pin-gan oder ping'an
dangan ▶ dan-gan oder dang'an   wanan ▶ wa-nan oder wan'an

11
i:	yi	u:	wu	uo:	wo	uan:	wan	ie:	ye	uai:	wai
iou:	you	uen:	wen	ian:	yan	i:	yin	ing:	ying	ia:	ya

12 **Anlaute einsetzen:**

kànbìng | wǎngluò | yánrè | shuāngrén | xiānggǎng | kāixīn | róuruǎn

13 **Auslaute einsetzen:**

pògé | dútè | huánhé | rénmín | xìngmíng | bōduó | xiūxián | gǒu hé niú | shénshèng

14 **Tonzeichen setzen:**

kànshū, kǎn shù | wùlǐ, wúlì | xiāngfú, xiángfú | dànbái, tǎnbái | máfan

15 Wörter ankreuzen:

☒ tūnxià ☒ kāndēng ☒ luòhòu ☒ bèiké ☒ xiǎngxiang ☒ shūsàn ☒ dàolù

16 Wörter nummerieren:

3 xìnxīn 2 xíngxīng 1 xīnxīng | 2 ránhòu 1 shànhòu 3 ràng hòu

1 hēiyè 3 hēiyān 2 hǎiyàn | 3 lánhuā 1 lànghuā 2 luànhuā

17 Diktat:

fúwù | wòdǎo | huópo | kǒuhào | huǐmiè | wánxiào

kuàguó | shuǐmòhuà | péngyou | dàng'àn | biànhuà | yángguāng

18 Sān rén xíng, bì yǒu wǒ shī.

三 人 行， 必 有 我 师。

Lektion 7

A1 Silben nummerieren:

1 zā 2 zhā 3 sā | 1 sè 3 zhè 2 zè 4 shè | 4 sēn 2 zěn 1 shěn 3 zhěn

3 zhuì 2 zuì 1 suì | 4 zhūn 3 shùn 2 sūn 1 zūn | 3 shéi 1 zéi 2 zhèi

2 zǎn 1 sǎn 3 zhǎn | 2 sōu 3 zhōu 1 zōu | 2 shài 3 sài 1 zài

2 zuān 1 zhuān 3 suān | 1 zhuō 3 shuō 2 zuō

3 zhào 1 zào 2 shào | 1 zēng 2 shēng 3 zhēng

A3 Silben ankreuzen:

☒ jiè ☒ xiān ☒ jiào ☒ jiā ☒ xiū ☒ xiàng

B3 Städte eintragen:

1. Běijīng | 2. Tiānjīn | 3. Zhèngzhōu | 4. Hángzhōu | 5. Guǎngzhōu

C2 *ü* oder *u*?:

[u]: lùn, kùn, sūn, dūn, zūn, zhūn, shùn | huàn, zuān, duān, suān, kuān, luàn, nuǎn | lù

[y]: xūn, jūn, yún | juān, xuān, yuán | xū, jǔ, yǔ | yuè, jué, xué

Ü2 Diktat:

Zhōngguó | gōngzuò | zhàoxiàng | zūnshǒu | jiàoyù | juéxīn | zhùyìlì | zǔlì

zànchéng | nǚ'ér | nǚxù | lüèduó | juānxiàn | zhéxué

Lektion 8

A3 Lücken ausfüllen:

<u>cū</u> bù – <u>chū</u> bù | <u>cān</u> jiā – <u>chān</u> jiǎ | <u>cóng</u> lái – <u>chóng</u> lái | <u>chūn</u> jié – <u>cún</u> qián

mù <u>cái</u> – mù <u>chái</u> | <u>chāo</u> qiáng – <u>qiāo</u> qiáng | <u>qià</u> qiǎo – <u>chā</u> jiǎo

A5 Lücken ausfüllen:

zhēn <u>ch</u> éng – zhēn <u>zh</u> èng | <u>sh</u> ū <u>zh</u> ǎn – <u>ch</u> ū <u>ch</u> ǎn | <u>c</u> uòluò – <u>z</u> uòluò

mó <u>c</u> ā – fù <u>z</u> á | chún <u>c</u> uì – chén <u>z</u> uì | <u>j</u> iēkāi – <u>q</u> iēkāi | <u>j</u> ùjué – <u>q</u> ǔjué

A6 Diktat:

chēzhé | zǎocāo | cúnzài | chǔncái | chéngzhǎng | qùchù | zúqiú | fùchóu | chóngxīn

zhòngxīn | cóngróng | qióngkùn | zhāodài | qīnqiè | cānzhǎnshāng

C3 Lücken ausfüllen:

<u>xī</u> shēng – <u>shī</u> shēng | <u>zhī</u> dao – <u>chí</u> dào | shēng <u>qí</u> – shēng <u>zhí</u> | jiāo <u>jí</u> – jiāo <u>qí</u>

míng <u>cì</u> – míng <u>zi</u> | <u>sī</u> xiǎng – <u>xì</u> xiǎng | <u>jī</u> qì – <u>xī</u> qì | tuī <u>cí</u> – tuī <u>chí</u> | <u>jì</u> du – <u>zhì</u> dù

C5 Silben ankreuzen:

☒ qióng | ☒ cōng | ☒ rě | ☒ cì | ☒ qián | ☒ zhě | ☒ jué | ☒ xué | ☒ qīn | ☒ chuán

C6 Diktat:

héshì | shēngrì | rìbào | rènao | cízhí | zhéchǐ | cèsuǒ | sèzé | shì chē | sì sè | sì cè

D2 Unterscheidung von Wörtern mit oder ohne Erisation:

shēnghuó__ – gànhuó <u>r</u> | liáotiān <u>r</u> – bàntiān__ | huāyuán <u>r</u> – gōngyuán__

fànguǎn <u>r</u> – bówùguǎn__ | méishì <u>r</u> – yǒushì__ | yí kuài__ – yíkuài <u>r</u>

D4 Diktat:

shìshí | rìjì | xiāngsì | xǐhuān | shīwàng | qìqiú | xiàngcè | xuǎnzé | háizi | zìsī | júzipí

yòu'éryuán | gōngyuánr | xiàohuàr | miàntiáor

Lektion 9

B1 **richtiges Wort aussuchen:**

tiānqì | kǎo, gǎo | guài, kuài | běifāng

B6 **richtiges Wort aussuchen:**

fācái | zhè, chē | zhùyìlì | qī zhāng | jí | qí

B7 **Wort ankreuzen**

☒ zànchéng ☒ zhēncáng ☒ jiěfàng ☒ cūnzhǎng

B8 **Wort ankreuzen:**

☒ jīqì ☒ shīfàn ☒ zázhì ☒ dàxì ☒ báiqī ☒ chídào

B10 **Wort aussuchen:**

shānchéng | chángchù | chángzhù | chūshì | zhìzào

Test 2

1 Im Chinesischen kennt man folgende drei Paare von Lenis- und Fortisaffrikaten: *zh-ch*, *z-c* und *j-q*.

2 *zh* und *ch* sind retroflexe Affrikaten, während *j* und *q* präpalatale Affrikaten sind.

3 Genau wie bei *sh* und *x* stehen *zh* und *j*, *ch* und *q* in komplementärer Distribution. *zh* und *ch* kommen wie *sh* nur vor den Vokalen *a*, *u*, *e* und *o* sowie vor Auslauten vor, die mit diesen Vokalen beginnen, während *j* und *q* ebenso wie *x* nur vor den Vokalen *i* und *ü* vorkommen sowie vor den Auslauten, die mit diesen beiden Vokalen beginnen.

4 Wenn *ü* kein Konsonant vorangeht, wird es *yu* geschrieben. Diese Regel gilt auch für die Auslaute *üe*, *üan* und *ün*: Wenn ihnen kein Konsonant vorangeht, werden sie *yue*, *yuan* bzw. *yun* geschrieben.

5 Nach *j*, *q* und *x* wird *ü* immer *u* geschrieben. Diese Regel gilt auch für die Auslaute *üe*, *üan* und *ün*, die mit *ü* beginnen.

6 Die fünf Konsonanten sind *j*, *q*, *x*, *l* und *n*.

7 Der Einzelvokal *i* wie z. B. in *bì* oder *mì* ist ein Vorderzungenvokal. Das *i* nach *z*, *c* und *s* ist ebenfalls ein Vorderzungenvokal, während das *i* nach *zh*, *ch*, *sh* und *r* ein retroflexer Zungenspitzenvokal ist.

8 Die Erisation hat neben den Tönen auch eine bedeutungsunterscheidende Funktion: Das Wort *tóu* bedeutet „Kopf"; spricht man es jedoch erisiert aus, also *tóur*, bedeutet das Wort in der Umgangssprache „Chef". Wenn man also seinen eigenen Chef vorstellt, soll man nicht „*Zhè shì wǒ de tóu*" sagen, sondern „*Zhè shì wǒ de tóur*", denn der erste Satz würde „Das ist mein Kopf" heißen.

9 Die Konsonanten treten im Chinesischen lediglich am Silbenanfang auf, mit der Ausnahme der beiden Nasale *n* und *ng*. Die Merkmale „stimmhaft" und „stimmlos" sind im Chinesischen nicht so geprägt wie im Deutschen. Stattdessen werden einige Konsonanten durch die Merkmale „aspiriert" ~ „nicht-aspiriert" unterschieden. Außerdem kommen Konsonanten-Kombinationen wie *pf*, *st*, *sp*, *ps*, *kn* u. a., wie man sie aus dem Deutschen kennt, im Chinesischen nicht vor. Das *h* in den Anlauten *zh*, *ch* und *sh* ist nur ein Signal dafür, dass diese Laute retroflex sind. Die feinen Unterschiede von den verschiedenen Lenis- und Fortisaffrikaten im Chinesischen sind im Deutschen nicht bekannt.

10 Die Vokalquantität (Dauer der Vokale) hat im Chinesischen keine distinktive Funktion wie im Deutschen. Die Möglichkeiten zur Bildung von Vokalkombinationen (Diphthonge und Triphthonge) sind im Chinesischen vielfältiger als im Deutschen.

11 **Anlaute einsetzen:**

zànchéng │ cǎocóng │ jiéyuē │ guāngróng │ zérèn │ qǐzhòngjī │ xùnsù │ zázhì │ xùdiànchí

12 **Auslaute einsetzen:**

juānxiàn │ shēngzhǎng │ tōngxìn │ yīnxùn │ jiǒngpò │ yánjùn │ quánqǔ │ xiōngyǒng │ yùnlǜ │ shùnxīn

13 **Tonzeichen setzen:**

chuánqí, chuǎnqì │ xuézǐ, xuēzi │ jīchǔ, jǐchū │ qīngxǐng, qíngxing │ jījí

14 **Wörter ankreuzen:**

☒ chōngshí ☒ qiǎohé ☒ shuāngyè ☒ qiàqiǎo ☒ quántou ☒ dàolù

15 **Wörter nummerieren:**

1 qīnjìn │ 2 qīngjìng │ 2 chéngchí │ 1 céngcì │ 2 shùmù │ 1 sùmù │ 3 zhùmù │

3 zhuānmén │ 1 zhuāng mén │ 2 chuāngmén │ 1 zìjiàn │ 3 jījiàn │ 2 zhījiān │ 2 cíqì │ 1 cìjī

16 **Diktat:**

jiàjiē │ zhīshi │ èryuè │ cùjìn │ qiānxū │ cóngcǐ │ sòngxíng │ sūnnǚ │ zūnzhòng │ yùndòngyuán

17

Dēng Guànquèlóu
登 鹳 雀 楼

Bái rì yī shān jìn,
白 日 依 山 尽，

Huánghé rù hǎi liú.
黄 河 入 海 流。

Yù qióng qiān lǐ mù,
欲 穷 千 里 目，

gèng shàng yì céng lóu.
更 上 一 层 楼。

Laut-Schrift-Beziehungen

Aussprache (mit Transkription nach IPA und Vergleich zum Deutschen)	Schreibung (in Pinyin und Angabe der Lautumgebung)
mittleres A [ɐ] (wie in *Sofa*)	als Einzelvokal, z. B. *dà, mà, tā* und am Silbenende, z. B. in ▶ *ia / ya* ▶ *ua / wa*
hinteres (dunkles) A [ɑ] (wie in *Bau*)	vor *ng* und *o*, z. B. in ▶ *ao, iao,* ▶ *ang, iang / yang, uang / wang* kommt nicht als Einzelvokal vor
vorderes (helles) A [a] (wie in *kein*)	vor *n* und *i*, z. B. in ▶ *an, uan / wan,* ▶ *ai, uai, wai*
tiefer Vorderzungenvokal A [æ] (ähnlich wie in *Käse*)	nach *i* und *ü* vor *n*, z. B. in ▶ *ian / yan,* ▶ *uan* (nach *j, q, x*) */ yuan* kommt nicht als Einzelvokal vor
geschlossenes E [e] (wie in *leben, dehnen*)	vor *i*, z. B. in ▶ *ei,* ▶ *uei / wei* kommt nicht als Einzelvokal vor
offenes E [ɛ] (wie in *Bett, lästig*)	in Diphthongen am Silbenende, z. B. in ▶ *ie / ye, üe / yue* kommt nicht als Einzelvokal vor
entrundetes O [ɤ] (Zungenstellung wie O und Lippenform wie bei E, kommt im Deutschen nicht vor , aber ähnlich wie in *bitte* oder *Ende*)	als Einzelvokal am Silbenende ▶ *e*
Zentralvokal E [ə] (kommt im Deutschen nur in unbetonten Silben wie in *bitte, bekommen* vor)	vor Nasal, z. B. in ▶ *en, uen / wen,* ▶ *eng, ueng / weng*
retroflexer Zentralvokal E [ɚ] (kommt im Deutschen nicht vor, aber im amerikanischen Englisch wie in *sir, word*)	kommt nur als Einzelvokal vor ▶ *er*
geschlossenes I [i] (wie in *bieten, tief*)	als Einzelvokal *i*, und am Silbenende, z. B. in ▶ *ai, uai / wai,* ▶ *ei, uei, wei,* sowie vor Nasal ▶ *in, ing*

offenes I [ɪ] (wie in *bitten, List*)	als erster Vokal eines Diphthongs oder Triphthongs ▶ *ia / ya, iao / yao, ie / ye, iou (iu) / you,* ▶ *ian / yan, iang / yang, iong / yong* kommt nicht als Einzelvokal vor
retroflexes I [ɭ] (mit nach oben gekrümmter Zungenspitze gesprochen)	nach retroflexen Konsonanten *zh, ch sh* und *r* ▶ *i* kommt nur als Einzelvokal vor
laminales I [ɿ] (mit nach vorn gestreckter Zungenspitze gesprochen)	nach den Konsonanten *z, c* und *s* ▶ *i* kommt nur als Einzelvokal vor
geschlossenes O [o] (wie in *Ofen, schon*)	im Diphthong ▶ *ou* und im Triphthong ▶ *iou / you* kommt nicht als Einzelvokal vor, bis auf wenige Interjektionen
offenes O [ɔ] (wie *offen, Koch*)	im (kontrahierten) Diphthong ▶ *uo (o) / wo* kommt nicht als Einzelvokal vor
geschlossenes U [u] (wie in *Mus, Ruhe*)	als Einzelvokal *u,* und als erster Vokal eines Diphthongs oder Triphthongs ▶ *ua / wa, uai / wai, uo / wo, uei (ui) / wei,* *uan / wan, uen (un) / wen, ueng / weng*
offenes U [ʊ] (wie in *Kuss, Lust*)	in den Diphthongen ▶ *ao, iao / yao, iou (iu) / you,* und vor Nasal ▶ *ong, iong / yong* kommt nicht als Einzelvokal vor
Ü [y] (wie in *über, grün*)	als Einzelvokal ▶ *ü (u*) / yu, un* / yun* und als erster Vokal eines Diphthongs ▶ *üe (ue*) / yue, uan* / yuan* * nach *j, q,* und *x* entfallen die ü-Pünktchen
bilabialer Nasal [m] (wie in *Muse*)	kommt nur initial vor ▶ *m*
alveolarer Nasal [n] (wie in *nein*)	kommt initial und final vor ▶ *n*
velarer Nasal [ŋ] (wie in *eng*)	kommt nur final vor, z. B. in ▶ *ang, eng, ing, ong, iong / yong,* *ueng / weng*

bilabialer Lenisplosiv [p] (wie in *Spitze*)	im Anlaut ▶ *b*
alveolarer Lenisplosiv [t] (wie in *stehen*)	im Anlaut ▶ *d*
velarer Lenisplosiv [k] (wie in *Skala*)	im Anlaut ▶ *g*
bilabialer aspirierter Fortisplosiv [pʰ] (wie in *parken*)	im Anlaut ▶ *p*
alveolarer aspirierter Fortisplosiv [tʰ] (wie in *Tag*)	im Anlaut ▶ *t*
velarer aspirierter Fortisplosiv [kʰ] (wie in *kein*)	im Anlaut ▶ *k*
Labiodentaler stimmloser Frikativ [f] (wie in *fein*)	im Anlaut ▶ *f*
alveolarer stimmloser Frikativ [s] (wie in *Eis*)	im Anlaut ▶ *s*
retroflexer stimmloser Frikativ [ʂ] (ähnlich wie in *Schau*, jedoch mit nach oben gekrümmter Zungenspitze)	im Anlaut ▶ *sh*
retroflexer stimmhafter Frikativ [ʐ] (ähnlich wie englisches *r* in *road*)	im Anlaut ▶ *r*
präpalataler stimmloser Frikativ [ɕ] (etwa zwischen den deutschen Frikativen in *Tisch* und *dich*)	im Anlaut ▶ *x*
velarer stimmloser Frikativ [x] (wie in *Dach*)	im Anlaut ▶ *h*
alveolare stimmlose Lenisaffrikate [ts] (ähnlich wie in *entsagen*)	im Anlaut ▶ *z*
retroflexe stimmlose Lenisaffrikate [ʈʂ] (ähnlich wie in *Dschunke*, jedoch mit nach oben gekrümmter Zungenspitze und stimmlos)	im Anlaut ▶ *zh*
präpalatale stimmlose Lenisaffrikate [tɕ] (ähnlich wie in *Rädchen*)	im Anlaut ▶ *j*
alveolare stimmlose Fortisaffrikate [tsʰ] (wie in *Zeit*, aber stärker gespannt)	im Anlaut ▶ *c*
retroflexe stimmlose Fortisaffrikate [ʈʂʰ] (ähnlich wie in *Deutsch*, jedoch mit nach oben gekrümmter Zungenspitze)	im Anlaut ▶ *ch*
präpalatale stimmlose Fortisaffrikate [tɕʰ] (ähnlich wie in der deutschen Interjektion *tja*, aber stärker gespannt)	im Anlaut ▶ *q*
Lateral [l] (wie im Deutschen)	im Anlaut ▶ *l*

Silbentabelle der Chinesischen Standardsprache (Teil I)
普通话声韵拼合总表（一）

Auslaute / Anlaute	a	ai	ao	an	ang	o*	ou	ong	u	ua	uai	uan	uang	uo (o)	uei (ui)	uen (un)	ueng
–	a	ai	ao	an	ang	o	ou		wu	wa	wai	wan	wang	wo	wei	wen	weng
b	ba	bai	bao	ban	bang				bu					bo			
p	pa	pai	pao	pan	pang		pou		pu					po			
m	ma	mai	mao	man	mang		mou		mu					mo			
f	fa			fan	fang		fou		fu					fo			
d	da	dai	dao	dan	dang		dou	dong	du			duan		duo	dui	dun	
t	ta	tai	tao	tan	tang		tou	tong	tu			tuan		tuo	tui	tun	
n	na	nai	nao	nan	nang		nou	nong	nu			nuan		nuo			
l	la	lai	lao	lan	lang		lou	long	lu			luan		luo		lun	
g	ga	gai	gao	gan	gang		gou	gong	gu	gua	guai	guan	guang	guo	gui	gun	
k	ka	kai	kao	kan	kang		kou	kong	ku	kua	kuai	kuan	kuang	kuo	kui	kun	
h	ha	hai	hao	han	hang		hou	hong	hu	hua	huai	huan	huang	huo	hui	hun	
z	za	zai	zao	zan	zang		zou	zong	zu			zuan		zuo	zui	zun	
c	ca	cai	cao	can	cang		cou	cong	cu			cuan		cuo	cui	cun	
s	sa	sai	sao	san	sang		sou	song	su			suan		suo	sui	sun	
zh	zha	zhai	zhao	zhan	zhang		zhou	zhong	zhu	zhua	zhuai	zhuan	zhuang	zhuo	zhui	zhun	
ch	cha	chai	chao	chan	chang		chou	chong	chu	chua	chuai	chuan	chuang	chuo	chui	chun	
sh	sha	shai	shao	shan	shang		shou		shu	shua	shuai	shuan	shuang	shuo	shui	shun	
r	ra		rao	ran	rang		rou	rong	ru	rua		ruan		ruo	rui	run	
j																	
q																	
x																	

* O kommt im Chinesischen nicht als Einzelvokal vor, außer in einigen wenigen Interjektionen

Silbentabelle der Chinesischen Standardsprache (Teil II)
普通话声韵拼合总表（二）

Auslaute / Anlaute	-	b	p	m	f	d	t	n	l	g	k	h	z	c	s	zh	ch	sh	r	j	q	x
ün	yun																			jun	qun	xun
üan	yuan																			juan	quan	xuan
üe	yue							nüe	lüe											jue	que	xue
ü	yu							nü	lü											ju	qu	xu
ing	ying	bing	ping	ming		ding	ting	ning	ling											jing	qing	xing
in	yin	bin	pin	min				nin	lin											jin	qin	xin
iong	yong																			jiong	qiong	xiong
iou (iu)	you			miu		diu		niu	liu											jiu	qiu	xiu
ie	ye	bie	pie	mie		die	tie	nie	lie											jie	qie	xie
iang	yang							niang	liang											jiang	qiang	xiang
ian	yan	bian	pian	mian		dian	tian	nian	lian											jian	qian	xian
iao	yao	biao	piao	miao		diao	tiao	niao	liao											jiao	qiao	xiao
ia	ya					dia			lia											jia	qia	xia
i	yi	bi	pi	mi		di	ti	ni	li											ji	qi	xi
-i													zi	ci	si	zhi	chi	shi	ri			
er	er																					
eng	eng	beng	peng	meng	feng	deng	teng	neng	leng	geng	keng	heng	zeng	ceng	seng	zheng	cheng	sheng	reng			
en	en	ben	pen	men	fen			nen		gen	ken	hen	zen	cen	sen	zhen	chen	shen	ren			
ei	ei	bei	pei	mei	fei	dei		nei	lei	gei	kei	hei	zei			zhei		shei				
e	e			me		de	te	ne	le	ge	ke	he	ze	ce	se	zhe	che	she	re			

Fachtermini mit Lektionsangabe

Dieses Glossar enthält alle in diesem Lehrbuch verwendeten und in der Phonetik üblichen Fachausdrücke zur Beschreibung der Lautgestalt von Sprachen. Darüber hinaus sind einige Fachtermini aufgenommen, die in anderen Lehrmaterialien für Chinesisch oder in anderen Beschreibungen der Phonetik zu finden sind, aber hier nicht benutzt werden. Bei diesen Termini wird auf die hier verwendete Terminologie (auf den jeweils hier gebrauchten Terminus) verwiesen. Die chinesischen Entsprechungen der deutschen Fachwörter sind immer dann angegeben, wenn sie – etwa bei Fragen an Sprecher des Chinesischen – für das Weiterlernen oder in Zweifelsfällen hilfreich sein können.

Affrikate 塞擦音 ▶▶ L7
Akzent 重音 ▶▶ L11
Akzentuierung 重音/重读 ▶▶ L11
akzentzählende Sprachen 轻重音语言 ▶▶ L12
alveolar 舌尖前的 ▶▶ L4, L5, L7, L8
alveolare Artikulation ▶▶ L4
alveolare Fortisaffrikate ▶▶ L8, L9
alveolare Lenisaffrikate 舌尖前不送气塞擦音 ▶▶ L7
alveolarer Fortisplosiv ▶▶ L9
alveolarer Frikativ ▶▶ L4
alveolarer Lenisplosiv ▶▶ L9
alveolarer Nasal ▶▶ L9
Alveolen (= Zahndamm) 舌尖前音 ▶▶ L5
Anlaut 声母 ▶▶ L1
apikal 舌尖的 ▶▶ L9
Artikulationsart / -weise 发音方式 ▶▶ L7, L8, L9
Artikulationsstelle / -ort 发音部位 ▶▶ L2
Artikulator 发音器官 ▶▶ L4
artikulatorische Modifikation 发音附加成分 ▶▶ L12
Aspiration 送气 ▶▶ L2
aspiriert 送气 ▶▶ L2
Auslaut 韵母 ▶▶ L1
bilabial 双唇的 ▶▶ L9
bilabialer Fortisplosiv ▶▶ L9
bilabialer Lenisplosiv ▶▶ L9
bilabialer Nasal ▶▶ L9
Diphthong 双元音, 二合音 ▶▶ L2, L4, L5
dorsal 舌面的 ▶▶ L9
Dorsum ▶ Zungenrücken 舌面
dritter Ton ▶ tiefer Ton
dunkles A 低沉元音A ▶ hinteres A 后元音A
ebener Ton ▶ hoher Ton
erster Ton ▶ hoher Ton
Einzelvokal ▶ Monophthong
Emphase 加重, 强调 ▶▶ L12
emphatische Äußerung ▶▶ L12

Engelaut ▶ Frikativ
entrundetes O 展唇的O ▶▶ L2
Erisation 儿化音 ▶▶ L8
fallende Intonation 降调 ▶▶ L12
fallender Diphthong 前响双元音, 前响二合元音 ▶▶ L2
fallender Ton(= 4. Ton) 下降声调, 去声, 第四声 ▶▶ L1
fallend-steigende Intonation 先降后升调, 曲折调 ▶▶ L12
fallend-steigender Ton 先降后升声调, 曲折声调, 上声, 第三声 ▶ tiefer Ton
final 音节结尾的 ▶▶ L3
finaler Nasal 鼻音韵母 ▶▶ L3
Fortisaffrikate (= gespannte Affrikate) 送气塞擦音 ▶▶ L7, L8
Fortisplosiv (= gespannter Plosiv) 送气塞音 ▶▶ L2, L9
Frikativ (= Reibelaut, Engelaut) 擦音 ▶▶ L2, L4
geschlossen ▶▶ L5, L6, L10
geschlossener Vokal 闭元音 ▶▶ L6
gespannt 收紧的 ▶▶ L 2
gespannter Plosiv 送气塞音 ▶ Fortisplosiv
Häsitationslaut ▶▶ L12
Hauchlaut 气声 ▶▶ L4
helles A 清亮元音A ▶ vorderes A
hinteres A 后元音A ▶▶ L6
Hinterzungenvokal 后舌音 ▶▶ L8
hoher Ton 高声调, 阴平 (= ebener Ton, 1. Ton) ▶▶ L1, L4, L10
hoher Vokal 高元音 ▶▶ L10
Intensität (音的)强弱 ▶▶ L2, L10
Interjektion 语气词 ▶▶ L12
Intonation 强调 ▶▶ L12
komplementäre Distribution 互补分布 ▶▶ L5, L7, L9
Konsonant 辅音 ▶▶ L1, L5, L9
labial 唇辅音 ▶▶ L9

Segmentelle phonetische Elemente mit Lektionsangabe

1. Anlaute

b [p]	▶▶	L2
p [pʰ]	▶▶	L1
m [m]	▶▶	L1
f [f]	▶▶	L1
d [t]	▶▶	L2
t [tʰ]	▶▶	L1
n [n]	▶▶	L1
l [l]	▶▶	L1
g [k]	▶▶	L2
k [kʰ]	▶▶	L1
h [x]	▶▶	L4
z [ts]	▶▶	L7
c [tsʰ]	▶▶	L8
s [s]	▶▶	L4
zh [tʂ]	▶▶	L7
ch [tʂʰ]	▶▶	L8
sh [ʂ]	▶▶	L5
r [ʐ]	▶▶	L5
j [tɕ]	▶▶	L7
q [tɕʰ]	▶▶	L8
x [ɕ]	▶▶	L5

y [i]*
w [w/v]*

2. Auslaute

a [ɐ]	▶▶	L1	i [i]	▶▶	L1
ai [aɪ]	▶▶	L2	i [ɿ]**	▶▶	L8
ao [ɑʊ]	▶▶	L2	i [ʅ]***	▶▶	L8
an [an]	▶▶	L3	ia [ɪɐ]	▶▶	L5
ang [ɑŋ]	▶▶	L3	iao [ɪɑʊ]	▶▶	L6
			ian [ɪæn]	▶▶	L5
o ▶ uo			iang [ɪɑŋ]	▶▶	L5
ou [oʊ/əʊ]	▶▶	L4	ie [ɪɛ]	▶▶	L5
ong [ʊŋ]	▶▶	L7	iou [ɪoʊ]	▶▶	L6
			iu ▶ iou		
u [u]	▶▶	L1	iong [ɪʊŋ]	▶▶	L7
ua [uɐ]	▶▶	L6	in [in]	▶▶	L3
uai [uaɪ]	▶▶	L6	ing [iŋ]	▶▶	L3
uan [uan]	▶▶	L6			
uang [uɑŋ]	▶▶	L6			
uo [uɔ/uə]	▶▶	L5	ü [y]	▶▶	L7
uei [uei]	▶▶	L6	üe [yɛ]	▶▶	L7
ui ▶ uei			üan [yæn]	▶▶	L7
uen [uɛn]	▶▶	L6	ün [yn]	▶▶	L7
un ▶ uen					
ueng [uəŋ]	▶▶	L6			
e [ɤ]	▶▶	L2			
ei [ei/ɛi]	▶▶	L4			
en [ən]	▶▶	L3			
eng [əŋ]	▶▶	L3			
er [ɚ]	▶▶	L9			

wo	▶	uo		
wu	▶	u		
wa	▶	ua		
wai	▶	uai		
wan	▶	uan		
wang	▶	uang		
wei	▶	uei		
wen	▶	uen		
weng	▶	ueng		
yi	▶	i		
ya	▶	ia		
yao	▶	iao		
yan	▶	ian		
yang	▶	iang		
ye	▶	ie		
you	▶	iou		
yong	▶	iong		
yin	▶	in		
ying	▶	ing		
yu	▶	ü		
yue	▶	üe		
yuan	▶	üan		
yun	▶	ün		

*   s. unter den Auslauten
**   (in zi, ci, si)
*** (in zhi, chi, shi, ri)

Trackliste

Lektion 1

Track 1; 1	00:40
Track 1; 2	00:29
Track 1; 3	01:53
Track 1; 4	01:01
Track 1; 5	01:50
Track 1; 6	00:31
Track 1; 7	00:20
Track 1; 8	00:24
Track 1; 9	00:29
Track 1; 10	00:29
Track 1; 11	00:46

Lektion 2

Track 1; 12	00:51
Track 1; 13	00:30
Track 1; 14	00:30
Track 1; 15	00:23
Track 1; 16	00:16
Track 1; 17	00:18
Track 1; 18	00:28
Track 1; 19	00:24
Track 1; 20	01:18
Track 1; 21	00:34
Track 1; 22	00:26
Track 1; 23	00:40
Track 1; 24	00:39
Track 1; 25	00:51
Track 1; 26	01:08
Track 1; 27	00:44
Track 1; 28	00:34

Lektion 3

Track 1; 29	01:23
Track 1; 30	00:38
Track 1; 31	00:36
Track 1; 32	00:40
Track 1; 33	01:55
Track 1; 34	00:47
Track 1; 35	00:25
Track 1; 36	00:33
Track 1; 37	00:59
Track 1; 38	00:48

Track 1; 39	00:29
Track 1; 40	00:43
Track 1; 41	01:28

Lektion 4

Track 1; 42	00:32
Track 1; 43	00:23
Track 1; 44	00:20
Track 1; 45	00:20
Track 1; 46	00:25
Track 1; 47	00:43
Track 1; 48	00:17
Track 1; 49	00:47
Track 1; 50	03:09
Track 1; 51	00:50
Track 1; 52	00:34
Track 1; 53	00:46
Track 1; 54	00:46
Track 1; 55	00:59

Lektion 5

Track 1; 56	00:16
Track 1; 57	00:08
Track 1; 58	00:53
Track 1; 59	00:56
Track 1; 60	01:09
Track 1; 61	00:27
Track 1; 62	00:45
Track 1; 63	00:16
Track 1; 64	00:26
Track 1; 65	00:57
Track 1; 66	00:52
Track 1; 67	01:13
Track 1; 68	01:30
Track 1; 69	00:31

Lektion 6

Track 1; 70	00:20
Track 1; 71	00:42
Track 1; 72	00:21
Track 1; 73	00:14
Track 1; 74	00:14
Track 1; 75	01:02
Track 1; 76	00:18
Track 1; 77	00:20
Track 1; 78	00:25
Track 1; 79	00:44
Track 1; 80	00:14
Track 1; 81	00:19
Track 1; 82	00:28
Track 1; 83	00:15
Track 1; 84	00:35
Track 1; 85	00:17
Track 1; 86	00:09
Track 1; 87	00:35
Track 1; 88	00:28
Track 1; 89	00:18
Track 1; 90	01:09
Track 1; 91	00:53

Test 1

Track 1; 92	00:48
Track 1; 93	00:45
Track 1; 94	00:49
Track 1; 95	00:38
Track 1; 96	00:55
Track 1; 97	01:19
Track 1; 98	00:24

Hörtexte

Aufnahmeleitung Ernst Klett Sprachen GmbH, Stuttgart; Michael Krumm
Aufnahmen und Mastering Allegria Musikproduktion, Stuttgart; Jens Saure
Gesamtzeit 137:14 Minuten
Sprecher Qi An, Jiehua Cai, Ran Li, Xiaojun Tang

Trackliste

Lektion 7

Track 2; 1	00:26
Track 2; 2	02:15
Track 2; 3	01:24
Track 2; 4	00:23
Track 2; 5	00:45
Track 2; 6	00:13
Track 2; 7	00:42
Track 2; 8	00:34
Track 2; 9	00:35
Track 2; 10	00:15
Track 2; 11	00:17
Track 2; 12	00:48
Track 2; 13	00:44
Track 2; 14	00:46
Track 2; 15	01:24

Lektion 8

Track 2; 16	00:21
Track 2; 17	00:08
Track 2; 18	00:09
Track 2; 19	00:55
Track 2; 20	00:33
Track 2; 21	00:58
Track 2; 22	00:23
Track 2; 23	00:57
Track 2; 24	01:22
Track 2; 25	00:14
Track 2; 26	00:15
Track 2; 27	00:46
Track 2; 28	00:11
Track 2; 29	00:24
Track 2; 30	00:24
Track 2; 31	01:39
Track 2; 32	00:36
Track 2; 33	00:34
Track 2; 34	01:02
Track 2; 35	00:16
Track 2; 36	00:27
Track 2; 37	01:09
Track 2; 38	00:26
Track 2; 39	00:37
Track 2; 40	00:25
Track 2; 41	01:57

Lektion 9

Track 2; 42	00:38
Track 2; 43	00:25
Track 2; 44	00:39
Track 2; 45	00:14
Track 2; 46	01:43
Track 2; 47	00:51
Track 2; 48	00:13
Track 2; 49	00:27
Track 2; 50	00:27
Track 2; 51	02:09
Track 2; 52	00:43
Track 2; 53	00:28
Track 2; 54	00:27

Lektion 10

Track 2; 55	00:45
Track 2; 56	00:31
Track 2; 57	01:12
Track 2; 58	00:25
Track 2; 59	00:19
Track 2; 60	00:33
Track 2; 61	00:25
Track 2; 62	00:23
Track 2; 63	00:27
Track 2; 64	01:38
Track 2; 65	00:22

Lektion 11

Track 2; 66	00:27
Track 2; 67	00:56
Track 2; 68	00:35
Track 2; 69	00:52
Track 2; 70	01:45
Track 2; 71	00:41
Track 2; 72	00:37
Track 2; 73	00:41
Track 2; 74	00:46
Track 2; 75	00:54
Track 2; 76	00:48
Track 2; 77	00:14
Track 2; 78	00:13
Track 2; 79	00:36

Lektion 12

Track 2; 80	00:58
Track 2; 81	00:21
Track 2; 82	00:12
Track 2; 83	00:09
Track 2; 84	00:54
Track 2; 85	00:49
Track 2; 86	01:01
Track 2; 87	01:11

Test 2

Track 2; 88	00:50
Track 2; 89	00:50
Track 2; 90	00:38
Track 2; 91	00:30
Track 2; 92	01:05
Track 2; 93	01:01
Track 2; 94	02:01

Quellennachweis

U1.1 Getty Images (andresr), München; **6.1** iStockphoto (Cat London), Calgary, Alberta; **12.1** iStockphoto (Robert Churchill), Calgary, Alberta; **20.1** iStockphoto (HENG KONG CHEN), Calgary, Alberta; **27.1** iStockphoto (bedo), Calgary, Alberta; **27.2** iStockphoto (ALEAIMAGE), Calgary, Alberta; **27.3** iStockphoto (filonmar), Calgary, Alberta; **27.4** iStockphoto (bluestocking), Calgary, Alberta; **27.5** iStockphoto (broken3), Calgary, Alberta; **27.6** Getty Images (malerapaso), München; **27.7** iStockphoto (Francesco Ridolfi), Calgary, Alberta; **27.8** iStockphoto (Marc Dietrich), Calgary, Alberta; **27.9** iStockphoto (Vladimir Ivanov), Calgary, Alberta; **27.10** Getty Images (ZargonDesign), München; **27.11** iStockphoto (Olga Utlyakova), Calgary, Alberta; **27.12** Bigstock (jgroup), New York, NY; **28.1** iStockphoto (claudia Otte), Calgary, Alberta; **36.1** iStockphoto (KingWu), Calgary, Alberta; **44.1** iStockphoto (Emanuele tortora), Calgary, Alberta; **56.1** Getty Images (bjdlzx), München; **64.1** iStockphoto (WilliamJu), Calgary, Alberta; **74.1** iStockphoto (btrenkel), Calgary, Alberta; **82.1** Getty Images (kickimages), München; **90.1** Getty Images (monkeybusinessimages), München; **100.1** iStockphoto (Willie B. Thomas), Calgary, Alberta